一步巴黎

[法]桑德拉·因索哈◎著

张琳◎译

3个月
收获健康生活

青岛出版社
QINGDAO PUBLISHING HOUSE

图书在版编目（CIP）数据

3个月收获健康生活 / (法) 桑德拉·因索哈著 ; 张琳译. — 青岛 : 青岛出版社, 2020.7

（一步巴黎）

ISBN 978-7-5552-9197-8

Ⅰ.①3… Ⅱ.①桑… ②张… Ⅲ.①女性—健身运动—通俗读物 Ⅳ.①G883-49

中国版本图书馆CIP数据核字(2020)第082699号

3 mois pour adopter une vie healthy© Hachette-Livre (Hachette Pratique), 2018.
Author of the text :Sandra Insoha

山东省版权局版权登记号 图字：15-2020-77

书　　名	3个月收获健康生活（一步巴黎） 3 GE YUE SHOUHUO JIANKANG SHENGHUO（YIBU BALI）
著　　者	［法］桑德拉·因索哈
译　　者	张　琳
出版发行	青岛出版社
社　　址	青岛市海尔路182号（266061）
本社网址	http://www.qdpub.com
邮购电话	13335059110　0532-85814750（传真）　0532-68068026
策　　划	刘海波　周鸿媛
责任编辑	王　韵
封面设计	1204设计工作室（北京）文俊
排　　版	青岛乐道视觉创意设计有限公司
印　　刷	青岛双星华信印刷有限公司
出版日期	2020年7月第1版　2020年7月第1次印刷
开　　本	16开（710毫米×1000毫米）
印　　张	10.5
字　　数	195千
印　　数	1-8000
书　　号	ISBN 978-7-5552-9197-8
定　　价	59.80元

编校印装质量、盗版监督服务电话　4006532017　0532-68068638

本书建议陈列类别：时尚生活类

你 好！

欢迎来分享我的健康快乐瑜伽生活。

我想，你今天之所以翻开这本书，是因为健康生活的相关内容吸引了你。无论你有什么故事，是什么将你带到这里，如果你读了这些文字，都是因为你的心告诉你应该这样做。我不相信巧合，甚至认为一切都是注定的。希望你能从这本书中找到你想要的。

我十分感谢你响应了内心的呼唤。这是一个信号，表明你想改善自己的生活，最大限度地发挥自己的潜力，寻求更多成就感，或者简单地说，你觉得"现在是时候了"。不管这种行为是有意识的还是无意识的，都体现了你想要提高、成长、重新认识自己、跟随自己的内心以及成为一个更好的人的愿望，这是一件好事。这不仅对你有好处，对那些以这样或那样的方式与你接触的人也有好处。更重要的是，这对整个世界都有好处，因为只有提升自己，才能改变世界。我想感谢你。尽管人们总是觉得"顾好自己"是一种自私的行为，但我认为事实恰恰相反。我们处于积极和满足的状态时，会将自身的正能量传播出去。相反，当我们处于消极的状态时，内心会充满愤怒、仇恨、破坏欲或恐惧，这不仅会伤害我们，还会对我们周围的人产生负面影响，就好像我们把内心

的"毒药"散播到了周围一样。

在这个浩瀚的宇宙中，我们彼此相连。我们是能量的载体，而能量是会流动的。我们给予什么，就会得到什么；我们散发什么，就会吸引什么。我们要摆脱过去，正视、认识我们的创伤并治愈它，这样才能阻止负能量的蔓延，我深信这一点。我们必须团结起来，去创造一个更加美好的世界，一个充满和平与爱的世界。只有个人层面的深刻变化才能导致集体层面的持久变化。

我用了"变化"这个词，但随着时间的推移，我逐渐意识到这种说法并不准确。我认为，最初降临到世上时，我们都是纯洁的、完美的，就像是刚刚被打磨出的闪耀着光芒的钻石。是生命的历程让"灰尘"逐渐在我们身上积聚，使我们的光芒暗淡下来。我们强迫自己融入社会，接受所爱之人的信仰……迄今为止的经历

塑造了我们，由此，我们无意识地建立起了一个信仰体系，通过这个体系感知现实。我们遵守规则，试图说服自己，别人对我们的期望也变成了我们对自己的期望。

在这个过程中，我们常常会逐渐忘记自己到底是谁。慢慢地，我们会意识到我们为自己创造的这种信仰体系对我们并没有好处。所以，是时候醒来，来清除这些"灰尘"了。

你已经知道了需要知道的一切，只需要记住它们。你是谁？你来这里做什么？或许你正在向外界寻觅这些问题的答案，但实际上，你自己就是答案。只有你自己知道对你来说什么是好的。

我希望你用本书中介绍的方法，重新与你的内心建立联系，因为正如安托万·德·圣·埃克苏佩里在《小王子》中所说的那样："一个人只有用心去看，才能看到真实。事情的真相只用眼睛是看不到的。"

没有哪种幸福的秘诀是适合所有人的，自己的幸福秘诀得自己去寻找。我们唯一能做的就是成为自己的信仰和榜样，这样，在无形中，我们就会鼓励和影响其他人也成为这种人。

我写这本书的目的不是逐字逐句地规定一种生活方式，而是分享我对生活的整体看法，以及我学到的技术和使用的工具。这些看法、技术和工具帮助我找到了方向，我希望它们也能激励你去探索，并帮助你找到通往健康和满足的道路。

全心全意支持大家的

桑德拉

整体疗法······

整体？

整体疗法是一种将你的整体考虑在内的思考方法，包括你的身体、思想以及灵魂。你是一个活的有机体，是你自己的宇宙，它远远超越了你的肉体本身。你生活中的所有层面都有内在联系，就像一个系统中有为了使结构更稳定而存在的对立力量一样。在这个系统中，你生活中的每一个层面都会影响其他的所有层面，我指的是身体层面、精神层面、情感层面、社会层面、文化层面、家庭层面······

我认为，上几代人倾向于对生活的方方面面进行划分，对"症状"进行"切断"以及"隔离处理"，并对每个"症状"单独"治疗"，这样做的目的是提高生产力。在一定程度上，这是有效果的。

如今，我们被号召要"团结在一起"。这不仅仅是指和他人团结在一起，还指我们首先要和自己走到一起。也就是说，我们要把分散的、孤立的点点滴滴整合起来，敢于看到身体症状和情感之间的联系，敢于倾听内心的声音。

让我来解释一下。照顾好身体有利于保持健康，这个道理是显而易见的。如果我们一直吃垃圾食品，不进行体育锻炼，生活在有污染的环境中，生活方式不健康，那么我们的身体一定会承担相应的后果。显然，身体状况对我们的幸福感和整体健康（不只是身体健康）有很大的影响。

那么，精神和灵魂呢？这两方面会如何影响我们的整体健康呢？

在身体层面，我们可能遵循了所有可能的以及可以想象到的守则。但是，如果愤怒使我们消沉，或者消极的想法反复出现，那么我们的身体也将一点一点地受到毒害。如果我们不花时间采取有效的措施来摆脱这些具有破坏性的情绪，"毒素"就会积聚在我们身体最脆弱的部位，并且随着时间的推移，这些症状会越来越严重，直到我们患上更严重的疾病。这就是为什么心理健康如此重要！

同样，勇敢地承认吧，即便我们能够保持积极向上的心态，做一个有爱心的人，我们也不敢随心所欲地追逐梦想。因此，我们的身体很可能会发送"警报"，如果我们不加理会，这个"警报"会越来越强，迫使我们"清醒"过来并推动我们调整生活，使身体与灵魂的渴望协调一致！

因此，要重新获得并永久保持健康和拥有真正的满足感的唯一方法是调整所有层面。当某些层面不和谐时，身体或精神就会发出信号！这一切的美妙之处在于，不管这些信号是什么，根源是什么，治疗它们都是实现更深层次的和谐的机会。当我们通过整体疗法进行治疗时，不仅可以治愈自己，也能治愈几代人。

这种整体疗法是我在生命的旅途中逐渐学会的。

到目前为止，我所研究的一切都证实了"万物皆有联系"这种观点。西方和东方的疗法在这方面的观点是一致的，即身体、灵魂和精神是联系在一起的。这就是为什么我邀请每一个寻求持久的幸福的人（难道你不是吗？）去考虑他们的方方面面，即使这种方法一开始会让人感到不舒服，甚至不安，但我保证，它是"最好的"。

让我们从习惯这个或许有点新颖的想法开始，尽可能多地重复下面这句话：

我应该在各个层面都
得到充分的满足。

如何实施这个方案？

下面，我想讲一个故事。故事的主角为了自己的工作、家庭竭尽所能。她沉浸于日常生活的琐碎中，时时刻刻都保持着紧绷的状态。可慢慢地，她开始感觉自己脑海中的弦快要断了。她意识到自己需要改变一些东西，需要问自己一些问题，也许是需要"发现自己"，虽然实际上她并不知道这到底意味着什么，但她越来越觉得自己缺了点儿什么。朋友们试图让她平静下来，告诉她，她拥有一切能让她快乐的东西，这些东西可能就在她的脑海中。可是这种感觉一直困扰着她。

有一天，她突然想起自己在乡间有一栋房子。当然，她的第一反应是惊讶，不仅是因为想起自己在乡间有一栋房子，还因为意识到自己竟然把这栋房子给忘了。"我怎么会忘记这件事呢？还是像拥有一栋房子这么大的事！"她这样想。也许仅仅是因为生活把她卷入了一个漩涡中，让她在无意识中接受了这种快节奏。

在惊讶之后，好奇心很快占据了上风。当想起自己拥有一栋房子后，她只有一个想法，就是去看看这栋房子。已经过了这么久，她几乎忘记了这栋房子的确切位置，几经周折才找到了它。这栋房子与她记忆中的不同，它看起来像被遗弃了，墙壁已经老化，外观十分陈旧。屋里很乱，也很黑，因为光线很难透过被灰尘覆盖的窗户照射进来。她几乎无法挪脚，因为房间里到处都是乱七八糟的东西，尽管她很小心，可每走一步都会扬起一片灰尘。她为遗弃了这里而感到悲伤、内疚、不知所措。而当她看到一丝微光努力钻过这片混乱，照亮了放在旧抽屉柜上的一张照片时，她几乎要哭了。这是一张她少年时的照片，照片中的她看起来是那么容光焕发。有那么几秒钟，时间仿佛静止了。那一刻，她好像飞了起来，感到那种光芒仍然在那里。她意识到应该让这种光更加闪耀，于是鼓起勇气，决定修复这栋房子。

首先从整理开始。她扔掉了所有不再有用的和坏掉的东西，这样她就可以更加自由地走动了。清理完东西后，她开始大扫除。打扫完后，她发现房子看起来清爽了，感觉自己可以重新住在这里了。由于她扔掉了很多坏掉的或者太旧的东西，释放了大量的空间，她开始想买一些新的东西，例如一张好床、一个好用的冰箱，她还需要让这里通电、有热水。

就这样，她找到了自己的"家"，可

以重新住在这里，享受这栋房子所提供的一切，这是一件多么幸福的事啊！当然，在这个过程中，她一次又一次地想改造它，使它具有她的个人风格，成为她的"天堂"，所以她开始装饰它。这些装饰品都很简单，却让房子变得与众不同。在这里，她比以往任何时候都快乐……

故事讲完了。我之所以讲这个故事，是因为找到自己和找到这栋被遗弃的乡间小屋的过程是类似的。你现在的生活有一种固定的模式，而当你找到你的"新家"时，一种全新的生活便开始了。这就是一切的开始。当然，这需要你付出努力，这是一次无法用价值来衡量的冒险。

我把找到自己、营造新的生活方式的方案分成以下三个部分：

1.与过去和解

这一部分的主要任务是整理和淘汰不再需要的物品，进行大扫除。

2.获取新的动力

这一部分的主要任务是在良好的基础上开始行动，更好地开始新生活。

3.享受当下

这一部分的主要任务是为生活添加更多色彩。尝试欣赏更多的东西，拥有新的生活方式，感受快乐、创造力、美丽、感激和爱。

完成以上每部分任务都需要四周的时间，由此形成了一个为期三个月的方案，这就是本书的架构。这本书的功能是陪伴你，给你提示，让你的生活更加清晰明了。你可以把这本书当作一本日志，这就是为什么书中有"练习情况""轮到你了"等内容。

我建议你在新的一周开始时先读一下这一周的内容，以便对这一周的重点任务有所了解，然后在日志上写出这一周你计划做些什么。这样可以保证你在这一周的行动有的放矢。

每周，我都会给出一个新的主题，并围绕这个主题提出思考之道、存在之道、运动之道和饮食之道。

思考之道

通过练习，尝试质疑自己的习惯、想法和现有的理念，以便了解我们可以如何打开意识之门，构建或者说重建对自己有利的思维方式。

存在之道

理智地理解某些概念不一定能够带来持久的变化，但是它常常是一个起点，能帮助我们并且为我们指明前进的方向，我们必须将它融入我们的潜意识中。方案中提供的冥想和呼吸练习可以帮助我们摆脱知识框架的束缚，使我们的直觉发挥作用。

运动之道

运动是有益的，以尊重身体的方式运动更有益！瑜伽中的各个姿势（体式）能帮助我们保持身体健康，因为瑜伽对身体的各个系统都有益，包括呼吸系统、消化系统、循环系统、内分泌系统、神经系统等。做完瑜伽后，我们可以用瑜伽休息术来放松，以便释放压力，刺激副交感神经系统，从而使我们的身心全面放松下来。

饮食之道

饮食是生活中很重要的一部分。想要保持健康，就一定要重视饮食。我不是一名专业的厨师，但我想通过介绍我的食谱来向你展示，你可以在吃得简单而健康的同时，享受乐趣并且保护环境。

在每个月的月末，你会找到一个日历表，你可以在里面记录你在第几天做了哪些练习。在所有的练习中，肯定有一些是你所偏爱的，但是我建议你将所有练习都至少尝试一次。你可以每天做这些练习，也可以隔几天做一次，具体的练习状况视情况而定。重要的是你对自己的承诺。

最后，不要不舍得在这本书上做记录，因为它是你的旅伴。总有一天，当你回顾自己走过的路时，你会为自己感到骄傲。

你值得拥有世上所有的幸福。

问题是，你准备好了吗？

我们的装备

事实上，我们并不需要太多东西就能过上幸福、健康的生活。但是，如果拥有一块漂亮的瑜伽垫会激励你去练习瑜伽，那么我会说"买一块吧"！

对我来说，为了获得最基本的幸福感，下列装备是必不可少的：

瑜伽垫

瑜伽垫就像是通往神圣殿堂的大门，因此，请仔细选择。如果你的膝盖较为敏感且你做的是以训练柔软度为主的体式，可以选择较厚的瑜伽垫；如果你喜欢动态瑜伽和平衡体式，可以选择较薄的瑜伽垫。你可以将瑜伽垫像地毯一样铺在床脚或者你练习瑜伽的地方。这样，你每天都会看到它在向你"伸出手"，"呼唤"你，你将无法抗拒它！

一到两块瑜伽砖

瑜伽砖可以帮助你保持平衡，防止做高难度动作时拉伤，还可以帮你支撑身体的不同部位，以便更好地完成动作。

打坐垫

打坐垫可以帮你抬高臀部，形成一个比较好的坐姿。冥想时，保持正确的坐姿

是一个很大的挑战，所以任何能帮助你的东西都是受欢迎的！

笔记本

你当然可以把这本书当作笔记本，在上面写下问题的答案并记录练习情况。但是，我强烈建议你另外准备一本笔记本，让它伴你走过这段历程。当你被问到一些看似非黑即白的问题时，借助书写，你很快就会意识到事物有很多层面。有研究表明，书写可以调动整个大脑。借助这本笔记本，你可以理清想法，表达自己的感受并看到自己的进步。它是你的旅伴。

香薰机

这些别人眼中的非必需品对我来说很重要。或许你觉得自己并不需要它，但如果走进一个房间时能闻到一种甜美的气味，你会觉得生活很美好。它会邀请你回到当下，欣赏简单的事物，享受生活。我喜欢在冥想、做瑜伽前打开香薰机。

搅拌机和榨汁机

你可以在搅拌机和榨汁机中选择一个，也可以两者兼有。你可以用它们制作果蔬汁、冰沙、果酱等。

准备好了吗？

　　你的生活就是你的艺术作品。你可以使它成为你在最疯狂的梦中想象出的最美丽的作品，这完全取决于你。

　　当你决定要读这本书的时候，就是在对自己承诺，承诺全身心投入改善生活方式的计划中。这有点儿像拿起画笔画一幅写生作品。从你成为自己生命篇章的作者，为自己的生活负起责任的那一刻起，一切皆有可能。

　　有了勇气、诚实、耐心和毅力，一切皆有可能。

　　你可以在下一页记下你开始阅读这本书的日期，因为这是一个伟大的日子！然后，写下你的承诺。每当需要动力的时候，你都可以回头看看这个承诺。

例如：

2018年1月24日

我同意对本书所提供的练习和技巧持开放态度。我保证对自己诚实……

美好生活需要自律，
来遇见同频的好朋友吧！

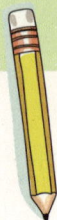

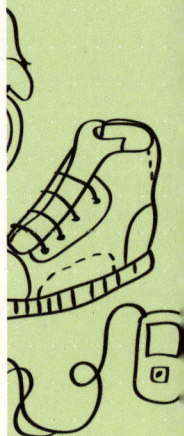

你的承诺书

X

目录

第1个月　与过去和解

第2个月　获取新的动力

第3个月 享受当下

第1个月

与过去和解

第1周

观察者与接受者

思考之道

提出要点

开始任何改变前，最好先对当前的情况进行一次认真的评估。就像我们到达"被遗弃的房子"的时候，要先将房子的状况考察清楚一样。

研究表明，我们每天会有50000～60000个想法，其中，大部分想法是重复的，因为我们的大脑中已经有了很多思维定式，只要不有意去考虑事情的另外一面，我们的大脑就会像一个"好学生"一样，自动运转从教育、环境、文化甚至是对重大事件的反应中学到的思维模式。幸运的是，由于我们的大脑具有可塑性，因此我们有能力学习新的思维模式，使自己摆脱目前的思维模式的局限性。

在阅读这本书的过程中，你可能会发现自己身上的一系列问题，发现问题可以帮助你评估和调整你的思维模式。记住，想要更多并没有错，对生活中的某些事情感到不满也没有错，正是因为有这种欲望和不满，才有改变、提高、发展的动力。

有一种说法叫"知足常乐"。对此，我并不认可。我认为，一方面，我们必须对已经拥有的一切抱有感激之情；另一方面，我们也需要保持继续朝着目标前进的动力，因为这是发展的首要条件，失去发展的动力的人会失去生命力。

思想造就人生。

轮到你了

坦率，诚实，认真地观察你的生活。

对自己拥有的一切充满感激，因为你拥有的比你想象的要多得多。

不要害怕你的不满或欲望，因为它们是真实而深刻的，它们会促使你前行。

1. 列出生活中你不喜欢的一到三种情况，以及你认为是什么促使它们进入了你的生活。

2. 列出生活中你喜欢的一到三种情况，以及你认为是什么促使它们进入了你的生活。

3. 对你来说，让你感到幸福、鼓舞人心，能够唤醒你的生命力的时刻是什么样的？

4. 哪些时刻你觉得自己精力充沛？

5. 你有什么不满？

6. 你生活中的哪些事物让你觉得满意？

7. 你的愿望是什么？

存在之道

恢复自然呼吸，学会超脱

呼吸是机体和外界环境之间气体交换的过程。尽管这个机制主要是无意识的（大部分时间我们没有关注呼吸，却始终保持着呼吸），但我们有能力控制呼吸，通过调节呼吸来调整身体的某些机制。

通过做各种呼吸练习，我们可以放慢思绪，改善消化，减轻压力，唤醒自身的能量。但是在开始具体的练习之前，让我们先从最基本的做起：恢复自然呼吸！

自然呼吸

自然呼吸低沉而深。当我们吸气时，腹部会微微隆起，呼气时，腹部会自然收缩，就像婴儿一样，每次呼吸时，腹部会随之起伏。用这种方式呼吸时，胸腔几乎不动，而是膈在上下移动。吸气时，被充满的肺部会将膈向下推，这就是腹部突起的原因。相反，呼气时，肺部气体排出，膈上升，腹部收缩。

自然呼吸的好处

• 改善消化：呼吸时，胃部的运动可以按摩内脏，从而促使肠蠕动，改善消化。

• 保护胸腔：自然呼吸不会对胸部施加太大压力。

• 舒缓压力，控制情绪：自然呼吸会使身体处于放松、舒缓的状态，使我们保持平静，远离焦虑。

• 排出毒素：人体有三个主要器官负责排出毒素，分别是肾脏、皮肤和肺。每次呼吸时，我们都会排出毒素。呼吸越深，我们就能排出越多毒素。

• 改善睡眠。

• 提升身体机能：自然呼吸可以让我们获得更多氧气，从而提升机体的各个功能。

通过控制呼吸来控制思想

每天练习5分钟，逐渐恢复自然呼吸

仰 卧

仰卧，两腿自然伸直或屈膝，总之，保持一个让自己舒服的姿势。接着，将右手放在小腹上，左手放在心脏的位置。

通过这种方式，你可以将注意力集中在腹部的运动上，使自己适应自然呼吸。

注意要使腹部在吸气时隆起，呼气时收缩，尽量减少胸腔的运动。

建议

你可以在每晚睡觉之前练习，因为这个练习除了能让你放松，还有其他好处。建议你将这个练习与放空自己的练习结合起来：当有一些想法浮现在你的脑海中时，请想象一下你只是让它们飘过去，就像你躺在大自然中，看着天上的云朵飘过。让那些想法从脑海中掠过，你无须执着，也无须判断。尽可能把注意力放在感受呼吸上。

运动之道

**我聆听，我观察
不判断，不执着**

通过练习基本体式，我们可以学会感受身体、呼吸和思想。每个体式保持1～3分钟。

1

金刚坐

1. 跪坐，双膝并拢，双脚脚尖相触，臀部坐于双脚之上，不要触地，上身挺直。

2. 将双手放在膝盖上。闭上双眼，花一些时间恢复自然呼吸。你可以在脑海中回想你的目标。

重点

增加骨盆、膝盖和踝关节的灵活性，消减双腿脂肪，对冥想和呼吸控制很有好处。

2

下犬式

重点

牵拉颈部及面部肌肉群，拉伸腿筋，为脊柱注入活力。

1. 四角支撑跪于垫上，两手间的距离与肩同宽，脚尖着地。深吸气，保持双手及脚尖不动，用力向上抬高臀部，头部位于双臂之间。如果你感到大腿后侧的肌肉有点儿僵硬，可以使膝盖稍稍弯曲。

2. 逐渐放下脚后跟，感受大腿后侧及背部肌肉的拉伸。

注：四角撑指四肢分开与肩同宽，垂直于地面撑地，上身与地面平行，整个身体呈四角状。

3

战士二式

1. 从下犬式开始，左脚向前迈一大步，落在双手之间，弯曲左膝至小腿垂直于地面，右腿保持伸直。

2. 慢慢挺直上身，然后向右侧转体。双臂向身体两侧打开至与肩同高，调整呼吸。看向左臂方向，好像你的目标就在左手指向的位置，激发你的意志、决心和内在力量。之后换另一侧重复习练。

重点

拉伸大腿后侧肌肉，提高身体平衡感，锻炼意志力。

4 三角式

重点

增强腿部肌肉、腹斜肌力量，伸展股后肌群和内收肌群，打开髋关节。

1. 站立，分开双腿，双臂侧平举，手掌朝下。右脚向右旋转90度，伸展右腿。

2. 吸气，将左臂放在背后或绕过后背向前搭在右腿上，将右臂抬起至斜上方。呼气，向右侧弯曲躯干，右脚位于右手腕的正下方，右手心朝向天空，仿佛可以用手臂支撑上身。保持小腹用力以保护下背部。之后换另一侧重复习练。

建议

如果觉得这个动作有点儿困难，可以将右手放在右腿上，然后放松头部，使颈部舒展。

5 双角式

重点

伸展后腿，使身体放松，增强平衡感，让身体更协调。

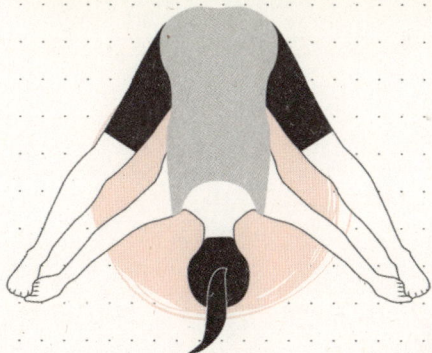

1. 挺身直立，双脚分开并与上身在同一平面上，双手叉腰。

2. 呼气，上身前屈，尽量伸直背部，双手尽量触地。双脚分得越开，双手就越容易触地。相反，如果头顶很容易着地，可以将双脚稍往中间并。

3. 掌握好平衡，用双手抓住双脚大脚趾，均匀地呼吸，保持一段时间，然后慢慢恢复到站姿，休息，放松头部和肩部。

6

树 式

1. 山式站立。左腿屈膝，将身体重心逐渐放到右脚上。左脚在舒适的范围内贴着右腿内侧尽可能靠近大腿根部，不要贴在右膝盖上。

2. 双掌合拢置于胸前或举过头顶，保持不动，放慢呼吸。如果想挑战更高的难度，请闭上眼睛，看看会发生什么！（提示：在脑海中想象一个静止的画面有助于保持平衡。）之后换另一侧习练。

重点

强健脚踝，增强腿部力量，强化平衡能力，使注意力集中。

饮食之道

注意那些对你无益的无意识行为，尤其是那些不仅无益，还没有给你带来额外的快乐的无意识行为。这些无意识行为很容易使你错过能带给你快乐、对你有益的东西。

我的大盘沙拉

我知道自己在盘子里放了什么。

食材

100克荞麦仁	1撮南瓜子
150克芽苗蔬菜	1撮葵花籽
1个新鲜西红柿	1汤匙麦芽酵母
1个牛油果	两汤匙摩洛哥坚果油
1个苹果	适量盐、胡椒粉
半个石榴	适量橄榄油
1把泡过的杏仁	适量水

做法

1. 在锅中用橄榄油将荞麦仁煎成棕色，然后加入水煮15～20分钟，放凉。

2. 在沙拉碗中加入荞麦仁、芽苗蔬菜，切成大块的西红柿、牛油果、苹果，以及石榴籽、杏仁、南瓜子和葵花籽。

3. 加入麦芽酵母。

4. 用摩洛哥坚果油、盐和胡椒粉调味。

第2周
清除不再需要的东西

思考之道

整　理

是时候摆脱那些阻碍我们发展的东西了，这相当于前文中提到的整理被遗忘的房子中的东西。建议在一周内完成所有的整理工作。

从那些你认为不会给你带来任何快乐或益处的东西开始整理。

这些东西的影响大多是负面的。为了让生活变得更好，你必须把注意力放到那些积极向上的东西上。这不是说你要忽略世界上正在发生的事情，而是要限制负面信息的接收量，以便能够接收更多的正面信息。

显然，我们在社交媒体上花的时间越来越多。选择关注那些能激励你、帮助你前进、激发你的创造力、让你有梦想、让你变得更好的人吧。

在家里，看看你的橱柜。拿出里面的每一样东西，问问自己：我真的需要它吗？它对我有好处吗？

通过清除不再需要的东西，我拥有了空间来吸引和容纳想要的东西。

轮到你了

1. 在你如今的生活中，有什么困扰着你？这种情况持续多长时间了？

2. 从1级到10级，10级为最强，你觉得上面这种情况对你造成的困扰属于第几级？

3. 是什么阻止你改变？这是真正的原因吗？

4. 如果这种情况一直持续下去，你会付出什么代价？

5. 通过改变，你希望获得什么？

6. 你准备做些什么来实现改变？

7. 你达到目标的标志是什么？

8. 你现在准备清除什么？

存在之道

排毒饮料

如果你的身体能接受的话，你可以在早晨起床后，空腹喝一杯加了一点儿新鲜有机柠檬汁的温水。

它的作用是：

• 促进排毒（尤其是肝脏排毒）和消化。

• 帮助人体恢复酸碱平衡。

• 减少粉刺的产生。

• 为人体提供多种矿物质和维生素。

瑜伽洗鼻法

准备1升水，加入1茶匙盐，摇晃均匀。将盐水装满茶壶或洗鼻器。站在水池前，上身略向前倾，将壶嘴对着一个鼻孔，让水从一个鼻孔流入，再从另一个鼻孔流出来。注意要张开嘴，用嘴巴呼吸。做完一侧再换另一侧。

它的作用是：

• 清洁鼻腔。

• 对患有呼吸系统疾病的人有益。

口腔清洁

使用刮舌器，从舌根开始向前刮到舌尖，接着漱口，重复几次。

它的作用是：

- 清洁夜间口腔内积累的细菌。
- 保持牙齿、鼻窦和咽喉的健康。
- 刺激消化酶的产生，保持味蕾的敏感性。

⊔ ⊔ ⊔ ⊔ ⊔ ⊔ ⊔

圣光调息法

空腹，坐下来，确保脊柱挺直。将双手放在膝盖上，手掌向上，大拇指和食指相扣，其余的手指张开。快速地进行腹式呼吸（吸气时腹部向外鼓起，呼气时腹部向脊椎方向收紧）。20次呼吸为一组，做三组。每组结束后屏气一会儿，然后缓缓呼气。三组全部完成后，仰卧并恢复正常呼吸，休息几分钟。

它的作用是：

- 促进体内毒素的排出。
- 强健腹部肌肉。
- 加速大脑的血液循环，使头脑清醒，使人恢复精力和活力。

温馨提示：有头晕症状时需停止练习，不要在怀孕期间练习。

⊔ ⊔ ⊔ ⊔ ⊔ ⊔ ⊔

运动之道

我正在清除自己不再需要的东西

本周的运动侧重于锻炼腹部，可促进消化并帮助身体排出毒素。完成后要多喝水，以便身体进行自我清洁。

① 放松身体

1. 将瑜伽毯卷起来，也可以找一块瑜伽砖。俯卧，将瑜伽毯卷或瑜伽砖置于腹部下方，尽可能避开肋骨和髋骨。尽量放松身体，想象你的体重随着每次呼气而减轻。用几分钟的时间专注于深呼吸。

重点

调动和激活消化系统，调节内脏功能。

②

腹部按摩

1.仰卧，双腿屈膝盘起，膝盖向外侧打开。

2.用右手沿顺时针方向按摩腹部，这样可以使排便更轻松。从小腹右侧开始，用手向上按摩至上腹部右侧（沿升结肠），然后向左按摩（沿横结肠），最后向下按摩至小腹左侧（沿降结肠）。

3.按照上述方式按摩几分钟，中途可以让两条腿交换上下位置。

重点

促进排便，缓解或消除充血状况。

③

膝碰胸式和圣光调息法

重点

激活消化系统，强化腹部肌肉。

1.仰卧，双膝并拢，双腿抬至胸部，如果可以的话，用双臂环抱膝盖，两只手分别抓住另一侧胳膊的肘部。放松头部和肩部。

2.保持这个姿势，根据耐力，用圣光调息法调整呼吸（方法见第17页）。

3.练习结束后，以瑜伽休息术伸展双腿，放松。

19

4

蝗虫式

1.俯卧；双臂贴着身体，双手压在腹部下方，紧贴垫面。轻轻地将耻骨压在地板上，收紧小腹（想象腰部在变细）。

2.吸气，将头部、胸部、双腿同时向上抬起，感受身体的伸展。

3.如果你想更进一步，可以将双臂放在身前，手心朝下，最大限度地挺起上身，抬高双臂和双腿。保持这个姿势呼吸几次，然后慢慢放下身体各部位，放松全身。

重点

消除背部多余脂肪，强健腰背部肌肉群，让胸部变得挺拔有型。

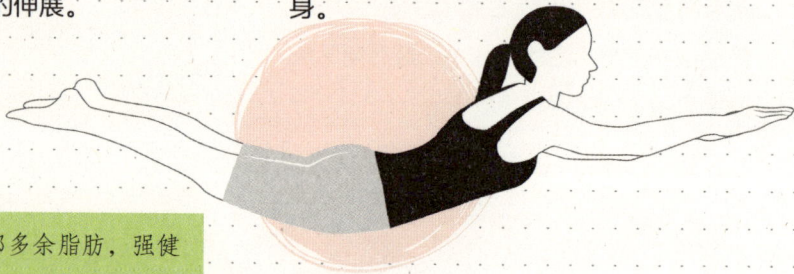

5

弓 式

重点

按摩腹部肌肉，拉伸脊柱，增强脊柱的柔韧性和灵活性，激活生命力。

1.俯卧，吸气，双腿向上弯曲，双手从脚背外侧抓住脚踝，脚后跟尽量靠近臀部。

2.呼气，腰腹部和双臂用力，带动头部、肩部和胸部依次抬离垫面，并借助抓双脚的力量向后拉伸肩膀。保持这个姿势呼吸几次，然后慢慢放下身体各部位，放松。

6

侧身低位弓步式

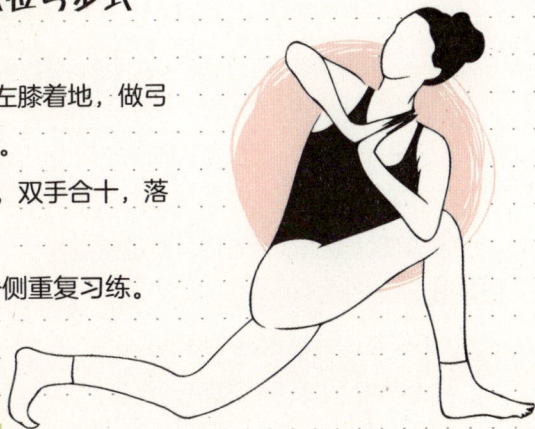

1. 从站姿开始，右脚向前迈一大步，左膝着地，做弓步。拉紧大腿肌肉，想象你要把双膝并拢。

2. 吸气，将双臂伸过头顶，然后呼气，双手合十，落在胸前，身体向右转。

3. 保留此姿势呼吸数次，然后换另一侧重复习练。

重点

强化腰肌、大腿肌肉，增加勇气和内在力量。

7

圣光调息法和双腿背部伸展式

1. 从坐姿开始，将双腿向前伸展，尽量挺直背部。做这个动作时，你可以把一根瑜伽带或一条围巾挂在脚上，双手各抓住一端，这样可以帮你保持背部挺直。

2. 保持背部挺直，充分伸展颈部，用圣光调息法调整呼吸，保持1分钟（方法见第17页）。

3. 完成上一步后，深吸一口气，吸到极限时屏住呼吸数秒，然后放松，之后做背部伸展式（上身尽量前屈，贴向双腿），在极限处保持3分钟。

重点

按摩腹部和肾脏，拉伸腘绳肌。

饮食之道

要养成健康的饮食习惯，应避免摄入以下食品：

- 苏打水、含糖饮料、酒精；
- 精制食品以及所有转基因食品；
- 白糖。

我们需要的食品有以下几种：

- 来自有机农场的水果和蔬菜；
- 新鲜的优质食品；
- 天然食品；
- 当地食品和应季食品。

调整食谱时，先远离那些最容易从你的食谱中剔除的东西，例如那些既不会给你带来快乐也不健康的东西，但强行放弃某些食物是没有意义的，尤其是如果这样做会给你带来挫折感的话。要知道，挫折感比食物本身更有害。所以，请慢慢来，继续完成书中的其他练习，这些练习能帮助你自然而然地改变。

为了让你逐渐养成更健康的饮食习惯，我的建议如下：每周找出一个对你的健康不利或你想改变的坏习惯（从最容易改变的开始），并用一个能给你带来快乐、让你更健康的习惯来代替它。

排毒食品

以下是我的一些"排毒盟友"：

- 排毒水：排毒水目前很流行，因为它制作步骤简单，外观好看，而且有效。你只需要切一些新鲜水果，把它们放入一大壶水中浸泡就行了。
- 排毒食品：柠檬、欧芹、卷心菜、花椰菜、菠菜及其他绿色蔬菜。
- 果汁断食排毒法：我喜欢时不时地进行一到三天的果汁断食排毒法。我觉得理想的状态是能感觉到自己的身体很干净、轻便，经常使用果汁断食排毒法有助于排出身体中的毒素，让我们一直处于工作状态的消化系统得到休息。当我完成为期三天的果汁断食排毒法时，我会感到自己精力充沛，灵活性有了显著提高。

我最喜爱的果蔬汁

食材

100克菠菜

3片甘蓝叶

1/4棵欧芹

1~2根黄瓜

1个梨

3片柠檬片

做法

1.先将除柠檬片外的所有东西放入榨汁机中榨成汁，然后倒入杯中，最后加入柠檬片即可饮用，也可以加一点儿水。

23

第3周

只有宽恕，才能继续前行

思考之道

> "对某人保持不满，恨不得对方死去，这种状态就像每天摄入一点儿毒药……"

我们常对自己说："我绝不可能宽恕触犯原则的行为。"但是我认为，我们对宽恕存在误解。

在我看来，很多人都认为宽恕意味着认可有问题的行为，因此宽恕总是给人们一种软弱的感觉。然而，宽恕绝不意味着认为发生的事情是正确的，而是意味着你正在重新获得自由；不再把自己定位成一个遭受苦难的受害者。因此，宽恕比要宽恕的这件事本身更重要。要知道，每当你对某个人或某件事感到愤怒时，第一个受伤害的人就是你自己。

让我们从不同的角度来思考这个问题。

一方面，你可以想一想，这个人或者这种情况值得你将自己置于这种状态中吗？记住，你宽恕的是你自己，而不是别人。宽恕是对自己的尊重。宽恕这种行为本身会带来无限的能量和力量，意味着你重新掌控了自己的幸福，宣称没有任何事或任何人可以影响它，因为这是你的选择。

另一方面，只有原谅了生命中最让你痛苦的事件的始作俑者之后，你才能真正

地继续前行。因为不管你种下的种子有多好，如果土壤不肥沃，那么什么也长不出来。

这不是一件容易的事，但它会对你的生活产生非常积极的影响。

所以请真诚地问自己：

有没有什么事情或者什么人是你还没有完全宽恕的？如果你一想到这个人或者这件事就会有痉挛、不适或者其他不愉快的感觉，那么你接下来就需要做一些相应的工作。接下来我会分享一种冥想练习，我想它能帮到你。

如果你能在想到这个人或者这件事时，产生真正的爱的感应（我在这里说的是无条件的爱，与男女之情无关），并且感到平静、超然、解脱，恭喜你，你做得很好！你已经准备好继续前行了。

宽恕是为了让自己解脱。

25

轮到你了

　　有时，将内心的想法和情绪外化可以帮助你向解放自己的方向迈进。如果你对某人感到愤怒、不满，可以给他写一封信。你可以将这封信寄给他，也可以不寄，但至少你将自己内心的一部分想法和情绪外化了，并且释放了自己。试着在下面写一写吧。

存在之道

零极限之歌——来自夏威夷的智慧

首先要认识到，我们经历的每一件事都会在生命中留下印记。这种印记有时是积极的，有时是消极的。借助我在下面叙述的方法，我们可以将自己从这些消极的印记中解放出来，这样才能继续快乐地生活。

这里有一个"零极限之歌"公式，用四个词概括就是：对不起，请原谅，谢谢你，我爱你。

• 对不起：因为我认识到我对自己的这种感觉负有一定的责任。

• 请原谅：因为我不知道自己内心有这种感觉。

• 谢谢你：谢谢你帮我清除这种印记。

• 我爱你：你，我的内在生命，这种微妙的智慧让我解放了自己。

不管原因是什么，一旦我们感觉到自己的想法很消极或感到不愉快，就可以使用这个公式。你可以大声喊出来，也可以低声说出来，或者在心里默念，根据你身处的环境选择即可。最重要的是试着这样做。

"对不起，请原谅，谢谢你，我爱你。"

实践时，我会把这些词汇与手指运动联系起来。

拇指和食指相扣：
对不起

拇指和中指相扣：
请原谅

拇指和无名指相扣：
谢谢你

拇指和小指相扣：
我爱你

双手同时做。
重复这些动作，直到你感觉好一些。

运动之道

我放手了

什么是阴瑜伽？

阴瑜伽强调的是整个身体的放松，目标是在肌肉完全放松的状态下锻炼骨骼及结缔组织。开始练习前，我们要准备好练习阴瑜伽所需要的一切，包括瑜伽毯、瑜伽垫、支撑膝盖的瑜伽砖等。练习时，我们利用每次呼气来逐渐适应各种体式，以便进一步伸展身体。

练习阴瑜伽有什么好处？

• 锻炼身体的灵活性；

• 放松身心；

• 让你更注重自身的感受，学会"放手"；

• 增强耐力。

在踏上这个修行的旅程之前，建议你选择一句能给你勇气和力量的"咒语"。例如，建议你在每次呼气或者需要的时候重复"解放"这个词。

1
婴儿式

1. 跪在瑜伽垫上，两脚大拇指靠在一起，双手撑地，膝盖弯曲90度。

2. 将臀部落在脚上，膝盖既可以绷紧，也可以放松，这取决于你的喜好。

3. 将双臂向前伸，将前额贴在瑜伽垫上，也可以贴在瑜伽砖上。注意保持自然呼吸。

4. 保持这个动作几分钟，充分伸展背部，放慢呼吸的速度。

重点

放慢节奏，平静，舒展背部。

2 仰卧英雄式

1. 从上一个姿势开始，挺起上半身，将膝盖和脚踝分开至与臀部同宽。如果膝盖和脚踝可以承受，将臀部落在两个脚踝之间的瑜伽垫上。如果感觉强度太大，可以在臀部下方垫一块瑜伽砖。

2. 上半身向后倒，令后背接近垫面或平躺到垫面上，感受股四头肌的伸展。（如果坐在瑜伽砖上，请勿将背部完全贴到垫面上。）放低身体时，可以用手或前臂做支撑，避免摔倒。注意始终保持呼吸平稳。尽可能放松，这样才能充分舒展肌肉。

重点

伸展股四头肌和腰肌。

3 鸽式

1. 从下犬式开始，将左脚向前迈一大步，弯曲左膝，左小腿贴地并与髋部平行，髋部保持在中立位，身体朝向正前方。

2. 向后伸展右腿，使右腿逐渐贴地，可在臀部右侧下方放置一块瑜伽砖。右腿向后伸得越远，拉伸强度越大。可用双手撑地。之后换另一侧习练。

重点

伸展臀部肌群，培养耐心。

4

半牛面式

1. 正坐，右腿向前伸直，弯曲左腿，将左腿放在右腿上。如果能做到的话，使两腿膝盖尽量在一条直线上。

2. 上身逐渐前屈，深呼吸，背部保持挺直。之后换另一侧习练。

重点
拉伸腿筋。

5

双腿背部伸展式

1. 坐在瑜伽垫上，双腿并拢，向前伸直。先仰卧，呼吸一次，再起身，上身前屈，保持双腿伸直的状态，呼吸一次。如此重复几次。如果柔韧度不够，可以稍稍弯曲双膝，将胳膊放在膝盖下，用左手抓右肘，用右手抓左肘。让脚跟慢慢向前移动，直至感觉双腿后部有拉伸感。保持这个姿势，呼吸数次。

重点
拉伸腘绳肌和下背部肌肉。

6

仰卧束角式

1.准备一个瑜伽枕（如果没有，可以将瑜伽垫卷起来）。仰卧，将瑜伽枕沿脊柱纵向放置（注意不要将瑜伽枕放到下背部）。可以将双腿向前伸直，也可以向两侧弯曲双膝，将两只脚的脚掌相对。放松肩膀、头部、下巴，保持此动作5~10分钟。

重点

打开胸腔，放松，感恩。

饮食之道

宽恕也有助于我们更好地消化！除了宽恕，这里还有一些方法能改善消化不良。

晨起空腹喝温水。

·

按顺时针的方向按摩腹部（顺着结肠的方向）。

·

适量食用浸泡过的豆类、榛子、杏仁、枸杞等。

·

适量食用发酵食品和饮料，我最喜欢的是味噌汤、椰子酸奶和豆腐乳。

·

避免深夜进食，这样身体可以在夜间排毒。

·

避免饭后吃水果。

·

细嚼慢咽！咀嚼的次数越多，越利于食物的消化吸收。

鹰嘴豆派对

食材

半把芦笋

1个西红柿

200克鹰嘴豆

少许欧芹和香菜

适量橄榄油

1～2汤匙香醋

少许水

做法

1. 用橄榄油煎芦笋，再加少许水将芦笋煮软。水蒸发后，倒入1～2汤匙香醋。盛出，放置在一旁备用。

2. 在同一个锅中倒入鹰嘴豆翻炒，并将西红柿切成四瓣，加入。必要时，可加入少许橄榄油和香醋。等鹰嘴豆变成金黄色后，盛出。

3. 将芦笋和鹰嘴豆放在盘子里，撒上欧芹和香菜，按口味进行调味后即可食用。

第4周

能量循环

思考之道

快乐就在礼物中

能量是流动的。同样，生活中，如果你没有留出空间去接受一些东西，那你也不能要求得到什么。因此，我们需要学会给予，通过给予来释放空间并激活能量循环。它关系到我们生活的各个层面。

给予能带给人很多快乐。当你用心去给予别人一些东西的时候，你也会感到满足。对一些人来说，给予比接受更容易，而对另一些人来说，恰恰相反。但是，对我们来说，两者都是必不可少的。如果你拒绝接受而一味给予，最终你会耗尽所有的资源，也就没有什么可以给予的了。相反，如果你没有给予只是一味接受、索取，那最终你将失去更多。

无条件付出的东西越多，得到的东西也就越多。

36

轮到你了

本周，建议你通过问自己下列问题来思考给予和接受之间的微妙关系：

1. 你倾向于给予多于接受吗？还是相反呢？可以采取什么措施来保持两者的平衡呢？

2. 你觉得你的生活中是否缺少什么？如果是，你能做些什么来让自己拥有它们呢？（不考虑从外部获取）

3. 在什么情况下，你会有这样的感觉：你在付出，并且消耗了自己的能量储备。找到这样的时刻，然后以后尽量避免这些情况的出现。

4. 在什么情况下，或者在什么领域，你会有这样的感觉：你敞开内心，并且这让你充满快乐。找到这样的时刻，以后有意识地促使这些情况更常出现。

存在之道

身体扫描和能量净化

理想的做法是在瑜伽练习结束后立即进行身体扫描练习。

在完成全部的激活能量循环的运动之后，可以仰卧，手掌朝天，放松胳膊和腿，闭上眼睛，下巴略微向内收以拉伸颈部后侧。打开双肩，臀部贴地，腰部放松。让呼吸变得自然，随着每次呼气放松全身，就好像你在地上融化了一样。

想象有一个滤网，你将用它来净化整个身体的负能量。首先，让头部穿过滤网，然后是肩膀、手臂、胸部、心脏、肺部、后背、腹部、消化系统、生殖器官、骨盆、大腿、膝盖、小腿、脚踝、脚……让过滤出的东西离开你的身体。试着在滤网经过的每一个区域感受这种清洁作用。

在清空身体的负能量后，想象有一束光照射在你的头顶上，这束光会使具有治愈作用的能量充满你的身体，让你的细胞再生，让身体恢复活力。

我的瑜伽练习情况

- ☐
- ☐
- ☐
- ☐
- ☐
- ☐
- ☐

运动之道

我的动作灵活自如，我散发能量，我付出，我收获

一般来说，我们的臀部常常会堆积一些停滞不前的"能量"。"骨盆"象征着沉重的石头和埋藏的情感，这就是为什么开髋练习通常会唤醒内在能量。流畅的动作、重复运动和开髋能释放停滞不前的能量并促进机体的能量循环。

1
简易坐

1. 让我们从坐姿开始。盘腿而坐，将双手放到双膝上。闭上双眼，花一点儿时间想想自己的目标。

2. 当你准备好后，挺直上身，打开胸腔，以臀部为中心用上身画圈，使臀部升温，促进能量循环。先沿顺时针方向转几圈，然后沿逆时针方向再转几圈。

重点

提升臀部的灵活性，促进能量循环。

② 花环式

1. 山式站立，双脚打开至比臀部稍宽，脚尖朝两侧打开。

2. 慢慢下蹲，双膝向两侧打开，将指尖放在面前的垫面上。

3. 吸气时，腿部用力，抬高臀部，上身前屈，放松头部；呼气时，再次蹲下。重复习练20次，然后放松休息。

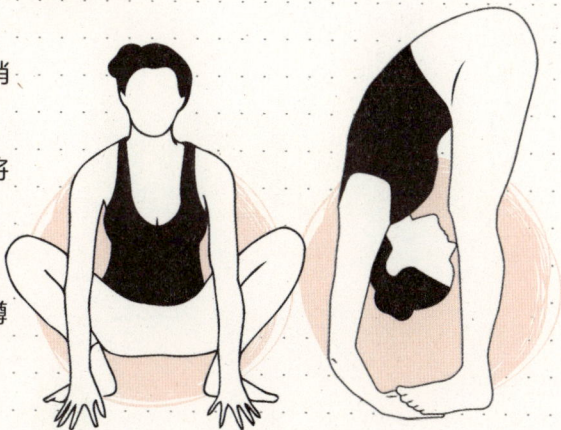

重点

释放停滞的能量，锻炼背部和颈部，增强大腿的力量。

③ 侧角式—战神室犍陀式

1. 从下犬式开始，右脚向前迈一大步，落在双手之间，弯曲右膝至小腿垂直于地面，左腿保持伸直。

2. 上身向左侧转，将右手放于右脚前的垫面上，左臂向上伸展，手掌朝下。注意躯干尽可能保持不动，就好像你把背贴在身后的墙壁上一样。

3. 保持上面的姿势（侧角式），深呼吸几次，再次呼气时，过渡到战神室犍陀式：右腿伸直，将身体的重心逐渐转移到左腿，然后弯曲左腿；臀部向下；右腿伸直，右脚脚跟着垫，脚趾向上勾。用左手撑地，右臂贴右耳尽可能向上伸展。

4.吸气时，做侧角式；呼气时，做战神室犍陀式。重复至少3次，然后换另一侧习练。

💡 **重点**

增强核心力量，锻炼臀部和腿筋的灵活性。

4 女神式

1.山式站立，两腿分开至肩宽的两倍，身体挺直。

2.脚尖外旋，脚跟相对，屈膝下蹲，膝盖向外打开，尽量使小腿垂直于地面，大腿与地面平行。在做所有开髋的姿势时，都要注意确保脚尖和膝盖指向同一方向，以保护膝盖。

3.做这个体式时，可以先将身体的重心偏向一侧，然后再偏向另一侧，这样可以使臀部更灵活。

4.将双手放在双膝上，然后向左扭转上半身，降低右肩，同时将左大腿向后推。在转体过程中呼吸几次，然后往反方向做同样的动作。

💡 **重点**

打开髋关节，增强髋关节、膝关节、踝关节的稳定性。

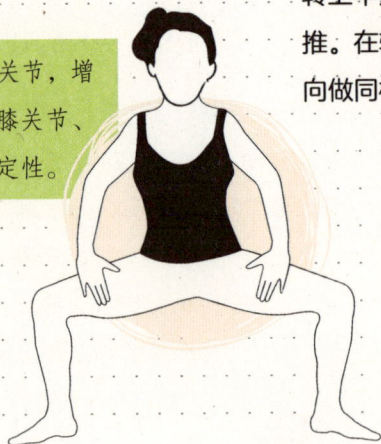

5

扭转膝关节

1. 从下犬式开始，右腿向上抬起，屈膝，用膝盖画圈。然后将右腿放下，回到下犬式，换另一侧重复习练。

💡 **重点**

使髋关节更灵活。

6

快乐婴儿式

1. 仰卧，屈双腿，双手抱住膝盖，使膝盖贴近胸前，用膝盖画圈。

2. 双膝向身体两侧分开，用手抓住同侧的脚底，肘部向下，把膝盖拉向地板。然后放松，结束练习。

💡 **重点**

放松腰背肌肉，预防坐骨神经痛。

43

饮食之道

螺旋藻西葫芦汤

食材

两个西葫芦

1大把腰果

1汤匙螺旋藻粉

不加糖的椰子酸奶

1把苜蓿芽

适量盐、胡椒粉

做法

1. 将两个西葫芦放入水中煮熟。

2. 将煮熟的西葫芦加入搅拌机，再加入腰果、螺旋藻粉、椰子酸奶；然后将煮西葫芦的水倒入搅拌机中，水量大概为搅拌机容量的3/4。搅拌后倒出。

3. 加入盐、胡椒粉调味，最后加入苜蓿芽。

本月练习情况

| 1 | 2 | 3 | 4 |

| 8 | 9 | 10 | 11 |

| 15 | 16 | 17 | 18 |

| 22 | 23 | 24 | 25 |

| 29 | 30 | 31 |

| 5 | 6 | 7 |
| | | |

| 12 | 13 | 14 |
| | | |

| 19 | 20 | 21 |
| | | |

| 26 | 27 | 28 |
| | | |

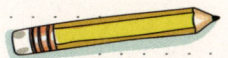

获取新的动力

第5周

建立你的愿景

思考之道

放下"如何做",专注于你想要的

拥有一个清晰且准确的愿景很重要。生活不等人,不管你愿不愿意,每过一天,你的人生就少了一天。虽然没有办法不老去,但是你可以决定自己将拥有怎样的人生。如果盲目地生活下去,你的生活将变得程式化。

你到底想要什么?

花一点儿时间好好思考一下这个问题,不要急着去想如何达成愿望,因为在意识层面回答"如何做"这个问题是没有意义的。你无法预测在梦想实现的过程中可能会发生什么,例如:意识的转变,能帮助你前进的会面、机遇,以及一个能让你从新角度看问题的经历,等等。在知晓如何实现梦想之前,你必须坚信自己的梦想可以实现。即使在前途不明朗的时候,你也必须继续前进,将心中的愿景当作远方的灯光,指引你前进的方向。

人类之所以能取得这么多令人难以置信的成就,就是因为有那么多相信自己的梦想可以实现的人,尽管这些梦想看起来"不切实际"。在两百年前,用飞机运送成千上万的乘客飞往另一个地方是不可思议的事,但是莱特兄弟相信自己的想法可以变成现实。

我永远记得我在印度的第一位瑜伽老师曾经说过的一句话:"让你的愿景如黄金,而计划如沙砾。"换言之,就是要有一个清晰且准确的方向,同时内心要保持开放和灵活,以迎接并识别意料之外的机会。朝这个方向来书写你的人生吧!

最后,只有知道内心真正想要的东西是什么,才能够不局限于当下,让内心更加平静。尽管我认为你的愿景无比重要,但我依然坚信,巨大的财富并不在目的地,而在途中。

> 我的愿景如黄金,而计划如沙砾。

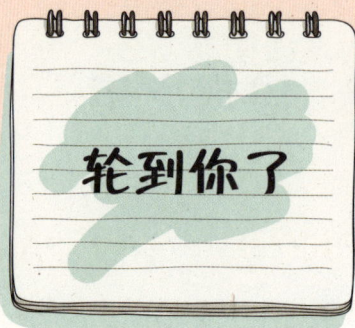

轮到你了

1. 你的五个主要的价值观是什么？

2. 你能描述一下它们对你的意义吗？

3. 你想在什么样的环境中发展？

4. 你想拥有怎样的人际关系？

5. 你想对世界做出怎样的贡献？是什么让你有这样的想法？

6. 对你来说理想的一天是怎样的？

7. 你想体验什么样的感觉？

存在之道

打造你的愿景板

　　一切都是能量。对焦在你想要的实相上，你要的实相便不可能不显化。世间别无他法。这不是哲学。这是物理学。

　　我认为，制作愿景板是实现愿景的第一步，因为它能让愿景实体化。第55～56页的愿景板可以帮助你进行愿景冥想。

　　在打造愿景板的过程中，你要充分发挥想象力，最重要的是要收获快乐。这是一种有趣、令人兴奋且能让人有所感悟的体验！

你不是一个人在努力，
姐妹们会给你打气！

愿景冥想

　　每天晚上，花5～10分钟的时间端坐，闭上眼睛，保持自然呼吸。想象自己的愿景和自己在愿景中的发展，好像愿景中的一切就是你真实的生活。

　　想象一下你周围的事物、房屋的装饰、四周的氛围以及周围的人。

　　想象一下你早晨醒来的感觉、白天所做的事情以及充满你内心的东西。

　　感受一下你的愿景带给你的感觉。

　　在冥想的过程中，你对所有感官（视觉、听觉、触觉、味觉和嗅觉）的调动越充分，拥有的力量就越大，愿景就越有可能成为现实。

我的愿景板

运动之道

引导能量为我的愿景服务

本周，我们将用伸开的双臂来拥抱我们的梦想。

1
山式站姿

1. 双脚并拢站立，双脚脚跟和大脚趾相互碰触，伸展所有脚趾。将双臂放于体侧。膝盖绷直，收紧臀部；提拉大腿后部肌肉。打开胸部，收腹，脊椎向上伸展，颈部挺直，感受身体能量的集中。保持这个姿势，然后想一想你的愿景。

重点

回顾你的愿景。

2

山式站姿（伸展手臂版）

1. 山式站立。吸气时，将双臂举过头顶，双手相握，踮起脚尖，最大限度地伸展身体。呼气时，保持手臂举过头顶的姿势，脚跟着地。重复3次。

2. 保持踮脚站立，在脑海中想象愿景中的一个固定画面，闭上双眼，尽全力保持平衡。脑海中的画面越清晰，越容易保持平衡。保持这个姿势大约1分钟，然后脚跟着地，放松。

重点
舒展，平衡，专注。

3

战士三式（伸展手臂版）

1. 山式站立，双腿分开约两肩宽。

2. 吸气，将双臂上举，向头顶上方伸展。呼气，将左腿向后抬起，同时上身向前倾，以右腿支撑身体，尽量使双臂、上身、臀部和抬起的腿呈一条直线。最大限度地向前伸展手臂，犹如想用指尖触摸远方的愿景。在这个过程中，要始终收紧腹部，努力使身体呈一条直线，臀部不要高出来。这是一个对平衡力要求很高的姿势，因此你要专注于你的动作和呼吸。至少保持30秒。

重点
提高平衡能力，有助于集中注意力，平复心绪，增强耐力，提高专注力、意志力，充分锻炼腿部和腰腹部肌肉。

4

半月式（伸展手臂版）

1. 在上一个姿势的基础上，保持上身挺直，将上身完全转向左侧（右脚保持不动）。如果觉得可以承受，就保持双臂向前伸展的姿势。如果觉得做起来比较困难，可以将双臂收回体侧。至少保持5次呼吸的时长。

重点

增强平衡感，消除腰侧、臀部外侧及大腿外侧过多的脂肪。

5

侧角式（伸展手臂版）

1. 在上一个姿势的基础上，将左脚放到垫面上，弯曲右膝盖，呈侧弓步，使右小腿垂直于地面，右脚跟与左脚跟齐平。如果觉得可以承受，就保持手臂伸直的状态。这是一个难度较高的体式，做不到的话也不要苛求自己，可以将手臂放在体侧。至少保持5次呼吸的时长。

重点

伸展和强健腿部，加强腹部力量。

6

三角伸展式（伸展手臂版）

1. 在上一个姿势的基础上，上身回到中间。吸气，将右腿伸直，然后呼气，上身保持挺直，并缓缓向右侧伸展。这个动作要求同时拉伸两条腿，并且双腿必须适当用力，来支撑上身的重量。双臂始终向斜上方伸展，间距与肩同宽。想象一下，你正在用你的脚把地面往后推，把自己推向梦想！

重点

增强腿部力量，锻炼腹斜肌。

7

双角式（伸展手臂版）

1. 在上一个姿势的基础上，挺直腰背，上身回到中间，双手放回体侧，双脚脚尖向前，位置不变。

2. 吸气，手臂向上伸展。呼气，上身从腰部向前屈，尽可能保持背部挺直，使手臂和背部呈一条直线。尽量前屈，但不要一味追求上身与地面完全平行，重要的是使背部和手臂始终保持在同一条直线上。臀部稍稍向后拉动，以平衡手臂的重量。至少保持5次呼吸的时长。

3. 回到下犬式，放松。

重点

拉伸背部及腿部肌肉群。

60

饮食之道

饥饿时，我喜欢准备一大盘食物。

我把我的餐盘当作"愿景板"，把我喜爱的一切都放在里面。因为想有更强烈的饱腹感，所以我选择糙米；考虑到色泽和甜度，南瓜是个很好的选择；又因为喜欢脆生生的口感，所以我常选择豆子；再考虑到味道和富含能量两方面，我选择芝麻酱；因为想吃新鲜的蔬菜，所以选择西蓝花……像佛陀碗（在一个大碗里装满各种食材，再配上美味的酱汁）一样，将所有食材都放在一个碗里，这样就很好！

满满的餐盘

食材

75克糙米	适量芝麻
75克绿扁豆	适量盐、胡椒粉
半个南瓜	1汤匙芝麻泥（芝麻酱）
1个茄子	3汤匙橄榄油
半朵西蓝花	半个柠檬
适量番茄干	

做法

1. 将糙米和扁豆浸泡一夜，然后煮熟。
2. 将南瓜放在水里煮熟，然后把它做成南瓜泥。
3. 茄子削皮，然后和西蓝花一起烤熟。
4. 榨柠檬汁。
5. 将所有食材摆放在盘子里，然后加入番茄干和芝麻，最后加入胡椒粉、盐、芝麻酱、橄榄油和柠檬汁拌匀，即可食用。

第6周
走出舒适区并克服障碍

思考之道

关注自己的感受。当你想到一件让你感到恐惧的事时，可以按照以下步骤处理：

1. 按下停止按钮。休息一下！在陷入消极的漩涡之前，立刻停止回想。

2. 识别并判断，确认你的恐惧中哪些是自己臆想出来的。

3. 回想你的梦想，最重要的是，回想你想要实现这些梦想的原因。

4. 坚定继续前进的信念，让自己充满力量和活力。

5. 采取行动。从现在开始为你的梦想采取行动，即使只是向前迈出一小步，例如，打电话、发电子邮件、买机票、丢弃不需要的东西、开始一项重要的讨论等。问问你自己："我现在如何做才能向前迈出一步？"现在就行动起来，向自己证明，你可以无所畏惧地继续前进，你的意志可以更加坚定。同时，向那些让你感到害怕的东西证明，你一切都好，即使向前迈出了一步，你仍然活着。

每当遇到让你恐惧的事物时，用上述方法处理，你就会学会拦截恐惧并断绝它们的欺骗机制，这样你就不会再成为恐惧的奴隶。

既然现在你已经明确了自己的愿景，并对自己的思维方式有了新的认识，你就能够继续前进并定义你的下一个目标。你的目标必须够"S.M.A.R.T."，也就是说，你的目标需要具备以下特征：

• 具体的（Specific）：与其写"照顾好自己"，不如写"每周完成3次瑜伽练习，每天冥想5分钟"。

• 可衡量的（Measurable）：想一想，应该如何判断自己是否达成了目标，如何衡量自己的进步。

• 可接受的（Acceptable）：从切实可行的事做起。例如，如果你从来没有练过瑜伽，可以从每周练习一次开始，而不是每天练两小时。

• 可实现的（Realizable）：与设定目前看似遥不可及的愿景相反，你需要设定既有挑战性，又足够合理、可以实现的目标。

• 有明确的时间表（Timetable）：划定一个明确的截止日期会促使你做出承诺。就我而言，我喜欢将实现目标的时长定为18个月。请记住，你的时间表是一个大纲，你可以在此基础上进行调整。

轮到你了

1. 你做出的大部分决定是出于恐惧还是出于爱?

2. 如果抛开害怕的情绪,为了实现梦想,你会做的第一件事是什么?

3. 你能从你要做的第一件事中学到什么?

4. 为什么不现在就做呢?你在害怕什么?

5. 整理、明确你的目标并对行动进行规划,使其更"S.M.A.R.T."。

6. 列出所有你可以采取的行动,用你自己的方法,向你的梦想前进。

存在之道

与自然建立沟通

冥想是把注意力集中在一件事物上，停止其他所有思想的运动。通过冥想，我们可以清除各种情绪，内心会变得安静，并且充满喜悦。

冥想对每个人都有好处，尤其是对脑力工作者和过度紧张、焦虑的人。冥想时，人的大脑会镇静下来，并转向内在世界，就好像在给身体充电，让身体恢复体能和耐力，提高精神力量，增强集中意志的能力。

每个人都可能有一些不好的行为习惯，这些习惯会影响我们成为更好的自己，比如，对某些食物、酒精、香烟上瘾，做事容易拖延，过分依赖社交媒体，经常疯狂购物，容易恐惧，等等。冥想可以帮助我们深度放松身体，有助于减轻对物质的依赖。坚持冥想，可以很好地改变我们的内在需求和习惯，从而彻底改变生活。

冥想的方法之一

双腿盘坐，腰背挺直，双肩放松，胸腔打开，下颌微微内收，背部放松。选择舒适的坐姿，持禅那手印（双手掌心向上叠放在一起，双手拇指指尖轻触，形成一个环形，将手轻放在脚踝上），让舌头在门牙后面放松地顶着上腭，眼睛微闭。缓慢、轻柔、深入地通过鼻子呼吸，将注意力都集中在呼吸上。仔细感受自己的呼吸，感受气息是怎样进出身体，怎样通过鼻子、喉咙、气管和肺部的，感受体内是怎样进行氧气与浊气的交换的，感受身体随着每一次呼吸起伏。最后，搓热双手，把温热的手掌空心扣在眼睛上，感受手的热量通过眼睛流入身体。

冥想时吟唱OM

OM由"A、U、M"这3个音节组成，是一种声波疗法。清晨冥想时配合OM吟唱，不仅能提升习练的效果，还有助于保持宁静、平和的状态。

方法：吟唱"A"10次，感觉声音在肚脐振动；吟唱"U"10次，感觉声音在胸腔振动；吟唱"M"10次，感觉声音在头颅振动。3个音节为一轮，吟唱10轮，感觉声音从肚脐沿脊柱一直上升到头顶。

本周练习情况

□ □ □ □ □ □ □

运动之道

我平静地进入未知世界。
通过拜日式来进行热身。

1

与核心肌群建立连接

1.跪在垫子上,两膝距离与臀部同宽。双手撑在地板上,距离与肩同宽。

2.抬起膝盖,用脚尖撑地,使膝盖离地5~10厘米,保持约10秒,然后放下膝盖。重复习练3次。

重点
与核心肌群建立连接。

2

鹤禅式及其变化体式

1. 蹲在瑜伽垫上，双手撑地，两手的距离与肩同宽。

2. 向上抬起臀部，膝盖向内，与肱三头肌互抵。肘部微微弯曲。要小心保持双肘的平衡，从而避免给脆弱的手腕增加压力。

3. 腹部核心肌群收紧，翘起臀部，五指打开，用力推地以保持身体平衡。眼睛看向下方，脖子放松。如果觉得可以承受的话，慢慢地抬起一只脚，然后抬起另外一只脚，两只脚并拢收紧，向上靠近臀部。收紧小腹，以保持臀部悬空。如果觉得这个动作做起来比较轻松，可以用右膝盖抵住右臂，把左腿伸向天空。然后换另一侧重复习练。

重点

提升自信与内在力量，增强平衡力，增强手臂和手腕的力量，锻炼腹肌。

3

手抓脚半月式

1. 山式站立，双腿分开约两肩宽。

2. 调整身体平衡后，用力蹬直右腿，左腿逐渐抬离垫面，身体前屈，直到右手指尖触到右脚旁边的垫面。如果觉得可以做到，还可将左臂举向天空，右手不触地；如果觉得比较困难，可以弯曲左膝，用左手抓住左脚踝，将左脚向前拉，使身体形成一个弧形。呼吸几次，保持身体的平衡。休息片刻，换另一侧重复习练。

重点

增强平衡感，提升专注力，增强腹斜肌，锻炼股四头肌和腰肌。

69

4

后仰支架式

重点

增强臀部力量、髋关节稳定性、柔韧性以及手腕力量。

1. 正坐于垫子上，呼气，将双手放在髋骨后面的垫面上，两手手腕的距离与肩同宽，手指指向臀部。双膝弯曲，将左腿搭在右腿上。

2. 吸气，双手用力按压垫面，将髋部往上推，使躯干与地面平行。向上抬左腿，保持伸直状态。试着让臀部在这个不对称的姿势中与身体保持在同一水平线上，右小腿尽量垂直于地面。保持这个姿势，呼吸几次。

3. 再次将左腿搭在右腿上，然后恢复正坐的姿势，休息片刻，换另一侧重复习练。

5

混合扭转式

1. 将左腿搭在右腿上，用左手抓住右脚外侧，逐渐将右腿向正上方伸展（右脚抬起至与头部同高）。

2. 挺直上身，向右侧转，并将右臂向身体后方伸展。保持这个动作，呼吸几次。休息片刻，换另一侧重复习练，然后进入下一个体式。

重点

拉伸腿部外侧肌肉，扭转。

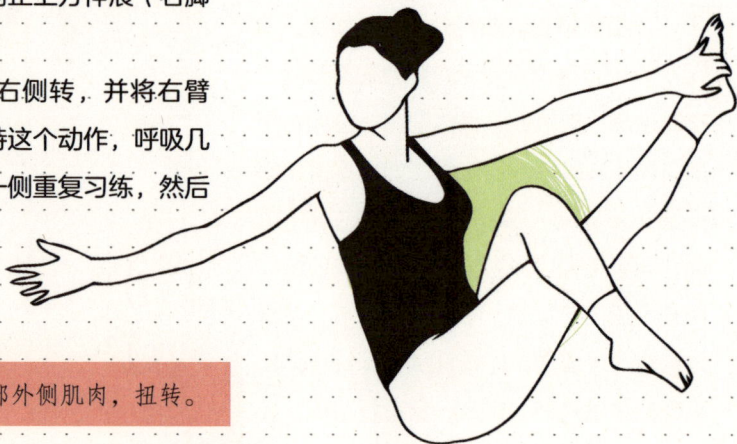

6

混合平衡式

1.在上一个姿势的基础上，放下右腿，将左脚放到瑜伽垫上，脚趾朝向瑜伽垫外侧。上身前屈，将双手置于身体两侧，指尖朝外。

2.将右腿向身体左侧伸展，伸直左臂，用左手抓右脚。身体重心前倾，抬高臀部（左肩在左膝前）。保持这个姿势，呼吸几次。休息片刻，换另一侧重复习练，然后进入下一个体式。

重点

增强平衡感，提高柔韧性。

7

髋部伸展式

1.在上一个姿势的基础上，将臀部落在瑜伽垫上。双手撑地，保持腿的位置不变，上身保持前倾，拉伸臀部肌肉（尤其是左臀）。保持这个动作，呼吸几次，然后换另一侧重复习练。最后可以放松一下，结束练习。

重点

拉伸臀部肌肉，扭转。

饮食之道

　　"超级食物"指的是营养成分（矿物质、维生素、膳食纤维等）含量远远超过平均水平的食物，包括部分水果、蔬菜、种子、藻类等。下面介绍几种我非常喜欢的超级食物。

玛卡

- 富含蛋白质，碳水化合物，锌、钙、铁等矿物质及各种维生素。
- 能够调节内分泌，改善月经紊乱，提高生育能力，增强免疫力，补充能量。

　　我的食用方法：我喜欢把玛卡和生可可混在冰沙里，或者直接放到早餐碗里。

螺旋藻

- 富含蛋白质、必需脂肪酸、维生素、铁等矿物质。

　　我的食用方法：我喜欢吃只加盐的螺旋藻。

枸杞

- 富含维生素和矿物质，具有强大的抗氧化功能。

　　我的食用方法：将枸杞浸泡一夜，去除苦味，然后把它放进我的早餐碗里。

巴西莓

- 富含维生素和不饱和脂肪酸，具有抗氧化功能。

　　我的食用方法：我会把它们放在冰沙里做成巴西莓碗。

奇亚籽

- 富含膳食纤维、蛋白质和奥米茄-3。

　　我的食用方法：将奇亚籽制成布丁，然后放入沙拉、冰沙、蛋糕或热饮（如巧克力热饮）里。

生可可豆

- 富含多种营养物质，包括镁、钾、各种维生素等。
- 有助于抗抑郁和抗疲劳。

　　我的食用方法：在沙拉、蛋糕、早餐中加入生可可豆，或者在冰沙中加入生可可粉。

中东香料牛油果吐司

食材

1个牛油果　　　　　　　　两茶匙柠檬汁

1个新鲜西红柿　　　　　　两茶匙中东香料

两个大洋菇　　　　　　　　适量盐、胡椒粉

两大块面包　　　　　　　　适量橄榄油

一些羊莴苣叶

做法

1. 把牛油果放在碗里捣碎，然后加入柠檬汁、中东香料、盐和胡椒粉，做成牛油果果酱。

2. 将西红柿切成大块，然后在平底锅里用少量橄榄油把西红柿和洋菇煎一下，再在同一个平底锅里煎面包片。

3. 将之前做好的牛油果果酱涂在面包片上，然后将西红柿、洋菇、羊莴苣叶放入盘中。

第7周

改变观念

思考之道

奇迹诞生于观念的改变

当我们感到束手无策，或处于一种看起来毫无希望的环境中时，首先要做的是改变对当前情况的看法。

每当你觉得自己走入死胡同或处于停滞不前的境地时，可以按照以下四个步骤来应对：

· 将肯定句变成疑问句。

· 头脑风暴：写下所有出现在脑海中的想法，来回答前面的疑问句。

· 整理写下来的所有想法，从中选出最适合你的。

· 采取行动！

通过将肯定句变成疑问句，你创造了各种可能性，大脑会立刻开始寻求问题的解决方案。事情总有解决的办法，总有出路，遇到阻碍乃前进之机遇。即使某些事件是不可逆转的，也可以通过改变看待事件的方式，来重获自由。

美国社会心理学家费斯汀格认为，生活的10%由际遇决定，另外90%则是由我们对这些际遇做出的反应决定的。你要对你的反应负100%的责任！

如果不喜欢某种环境，我会改变它。
如果无法改变，我就改变我的态度。

轮到你了

1. 你最喜欢的"英雄"是谁？他们生活中最精彩的部分是什么？

2. 想一想，生活中哪些不愉快的事情对你的发展有益？

3. 你最大的教训是什么？潜在的困难是什么？

4. 如何让今天的困境成为你最大的优势？

5. 如何让你的经历成为你的力量源泉？

存在之道

电影人生

　　想象一下，你既是人生这部电影的导演，又是其中的主角。你可以决定接下来将发生的事情，你在掌控全局。还记得那些最激励你的电影吗？它们都是喜剧吗？还是说这些电影充满了阴谋、悬疑和曲折？

　　闭上眼睛，进入冥想状态。从今天开始，给自己一个机会来书写人生这部电影剩余的剧本。写下你能想象到的最好的场景！

- 电影中的主人公（你）是如何将当前的挑战转化为机遇的？
- 是什么让他成为英雄？
- 是什么让这部电影如此感人？
- 是什么让"一切都在改变"（转折点是什么）？
- 站在你的英雄的立场上，感受他的生活。例如：他如何走路，举止如何，他对别人的态度如何，他如何表达自己，他吃什么，穿什么衣服，等等。
- 让你的创造力动起来，让自己充满信心和力量，对未来满怀希望。

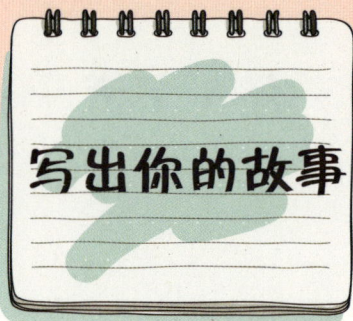

写出你的故事

运动之道

改变观念

在本节中，我们通过"倒置"，来努力改变想法，打开通往新观念的大门。

1

简易坐和颈部拉伸

1. 坐在垫子上，先弯曲右膝，再弯曲左膝，双脚抵住会阴部。双手放在膝盖上，腰背挺直，肩膀放松。

2. 右手经过头顶上方触摸左脸颊，轻轻将头向右拉，拉伸颈部左侧肌肉。保持此姿势，做几次深呼吸，然后换另一侧重复习练。

重点

放松，拉伸颈部肌肉。

2

牛面式

1. 正坐。移动右腿压住左腿，尽量使两脚脚掌靠近臀部，两腿膝盖在一条垂直线上。保证臀部坐于垫子上，背部挺直。

2. 吸气，左臂向上伸展，然后弯曲手肘，左手贴于后背处。

3. 呼气，弯曲右臂，从腋下绕到背后，贴于后背处，左手与右手在背后相扣，保持20秒。如果觉得双手相扣很困难，可以抓住衣服，或双手分别抓一根皮带或一条围巾的两端。颈部伸直，深呼吸，然后松开手臂，身体向前倾。之后换另一侧习练。

重点

拉伸、锻炼手臂和腿部肌肉，扩展胸腔。

③ 孔雀起舞式（准备动作）

1. 从下犬式开始，将前臂贴在垫子上，两肘距离与肩同宽，不可太远（为了能够支撑身体的重量，需要有一个坚实的基础）。

2. 双腿向上抬起，肘部尽量向地面施压以拉伸背部，避免头部接触垫面。双腿抬高至个人极限后，放下左脚，脚尖点地，右腿保持抬起的状态。最大限度地拉伸背部和右腿，保持这个姿势，呼吸几次。最后，将右脚落到地上，回到婴儿式。深呼吸，然后换另一侧习练。

 重点

增强意志力，增强双臂和肩部的力量。

④ 头倒立式

 重点

从另一个角度看世界。

1. 取跪姿。将双手放在地板上，两个手腕的距离与肩同宽。以头顶触地，使头顶、肘部和手这三点形成一个三角形（为了形成三个支撑点来保持平衡，这个三角形很重要）。

2. 抬起臀部，将脚向头的方向抬起，然后将膝盖放在大臂上，用肘部来支撑。必须保证肘部平行或内收夹紧，还要收紧小腹以保持稳定。深呼吸几次，以稳定节奏，然后回到婴儿式休息。

5
肩倒立式

1. 仰卧，双腿并拢，双手放于身体两侧，掌心贴地。

2. 双手扶住腰背部，双腿向上抬起，膝盖先弯曲至小腿与地面平行，然后双腿向上伸直，上臂贴地，进行支撑。想象自己在用肩膀将地面往后推，利用核心肌群来保持平衡。保持此姿势呼吸10次。如果觉得能接受，也可以将双手贴地。

重点

促进血液循环，收缩腰腹部肌肉。

6
靠墙倒箭式

1. 仰卧，臀部靠墙，双腿向上抬起，贴在墙上，放松肩膀和上身。至少保持3分钟。这个体式对缓解下腰疼痛很有效。

重点

放松，缓解下腰疼痛，促进腿部血液循环。

饮食之道

发现植物蛋白

当你想要减少肉类的摄入量时，以下几种富含植物蛋白的食物是不错的替代品。

- 螺旋藻。
- 豆类植物：小扁豆、鹰嘴豆、黄豆、豌豆、大豆等。
- 坚果：杏仁、榛子、开心果、花生、腰果等。
- 种子：南瓜子、葵花籽、亚麻籽、芝麻、奇亚籽等。
- 谷类食品：藜麦、荞麦仁、全麦等。
- 以下蔬菜和水果中也含有少量的植物蛋白：羽衣甘蓝、球芽甘蓝、花椰菜、菠菜、蘑菇、牛油果等。

小贴士

适量服用维生素C有利于植物蛋白的吸收。

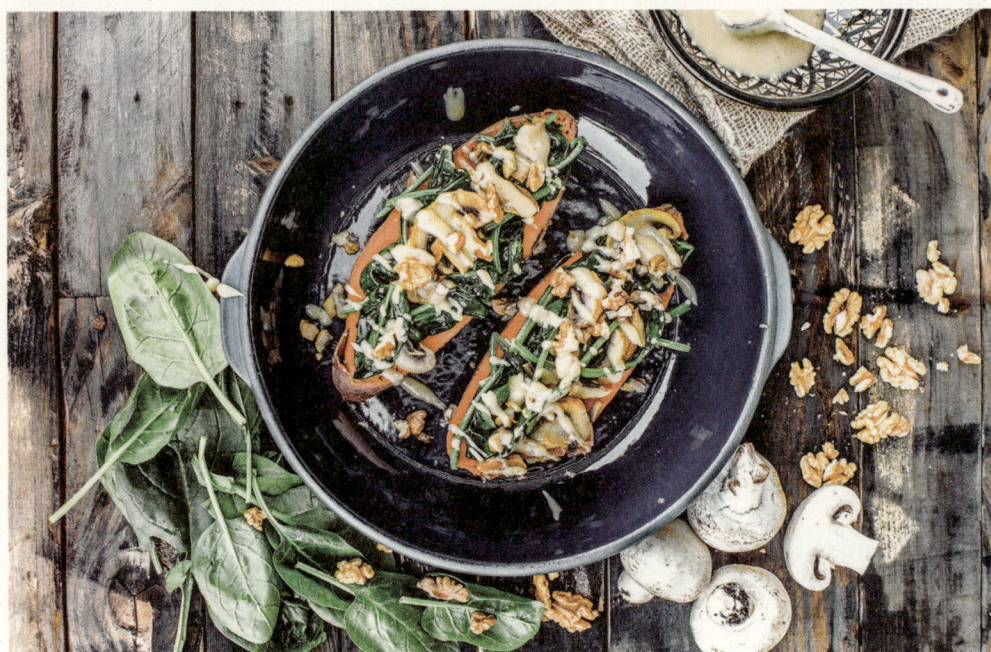

甘薯配菜

食材

1个甘薯

3朵蘑菇

两大把菠菜

1把坚果

适量杏仁露

1大茶匙黄味噌

3茶匙米醋

适量水

适量盐、胡椒粉

做法

1. 在甘薯上扎一个孔，放入烤箱，以150℃的温度烘烤1小时，然后拿出来，放置10分钟，再对半切开。

2. 将蘑菇炒至呈棕色，然后将菠菜放入锅中炒几分钟，根据喜好调味。

3. 将菠菜和蘑菇的混合物倒在甘薯上，然后把坚果压碎，加入。

4. 将所有的调料混合在一起，加入少许水以达到适合的浓度，淋在甘薯上即可。

第8周

打造每日一练，激励自己

思考之道

如果不改变你的日常行为，你就永远无法改变你的生活。成功的秘诀就在你的日常生活中。改变的关键在于保持每日一练，而不仅仅是口头上努力。

有一种说法是，养成一个习惯需要30～40天的时间。这个时长与大脑发生生理变化的时长相对应。

以下是一些能帮你养成每日一练习惯的小贴士：

· 请记住，每日一练并不一定意味着每天都要做3小时瑜伽（虽然也可能是）。

· 起床时，铺好瑜伽垫，告诉自己你要晒日光浴，然后你就会看到成效（换言之，不要告诉自己要做两个小时的练习，这样会给自己压力）。很多时候，只要到了瑜伽垫上，你就会想做更多的事！

· 一次只做一件事：我喜欢为一个主题专门划定一个周期。例如：需要提高效率时，我会安排一个专门针对提高效率的课程；需要接受一个情境并原谅某人时，我也会保持专注，直到问题解决。不要试图一次做完所有的事。划分出优先级，每个练习至少进行40天。

· 营造一种能让你更好地投入练习的氛围：练习前点几滴精油、点燃蜡烛；准备漂亮的早餐碗以供练习后享用食物，在瑜伽垫前展示你的愿景板……

如何打造你的每日一练？根据可支配的时间以及目前最迫切的需求，来制订日常计划，例如：冥想、调息、练习瑜伽、写日记……每天都练习，每天都重新定义你的生活。

你被自己的状况所困扰，直到被愿景所吸引。

轮到你了

1. 你的动力是什么？

2. 你可以采取什么措施来保持每日一练？

存在之道

以下是一个简单的吐纳练习，它可以帮助你充满热情地开始新的一天。

根据所处的环境，可以坐着或站着练习。连续吸气8次，直到肺部充满空气，然后立刻缓慢呼气。

如果觉得这种呼吸方式让你感到舒服，且觉得肺部可以容纳更多空气，可以逐渐增加吸气次数。要点是吸气要有力且有节奏，呼气悠长而连续。持续几分钟。

在练习过程中，仔细观察你的姿势以及与之相关的感受。吐纳练习结束时，将背部挺直，尽量打开胸腔，让肺部充满空气，给人一种庄重、自信的感觉。改变姿势即可改变状态！

每日一练是我向自己致敬的一种方式。

纳　　　　　　　　　　吐

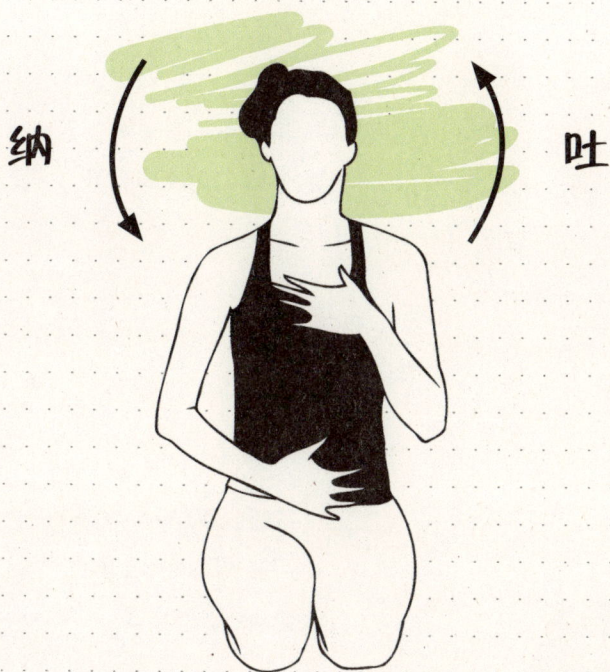

本周练习情况

运动之道

吸气能让我获得灵感

本周，我们专注于通过吸气获取养分。想象一下，你通过每次吸气来满足你的需求，获得能量、自信、灵感、平静……选择你今天需要的，想象自己正在通过吸气得到它，并牢记每一次吸气都可滋养你的身体、灵魂和精神。

1
简易坐和调息

1. 盘腿而坐。尽全力吸气，然后屏住呼吸。屏息时，打开胸腔，微微低头，尽可能长时间完全屏住呼吸。最后呼气。重复练习3~5次。

重点

打开胸腔，提高膈的弹性，获得生命力。

90

② 猫伸展式

1.四角撑于垫上，双膝距离与臀部同宽，双手距离与肩同宽。吸气，塌腰，头部抬高并尽量后仰，胸部和臀部也随之抬高，整个背部呈弯月形。

2.呼气，身体回到初始状态。再次深吸气，背部向上拱起，头部自然下垂。最后回到婴儿式放松休息。

重点

伸展背部，柔软脊柱，增加颈椎、腰椎的灵活性。

③ 低位弓步式

1.取金刚坐。右腿向前跨一大步，右小腿与地面垂直，左腿在后，左膝落在垫子上，身体要低。

2.吸气，抬起双臂，双手在头顶上方合十。呼气，双臂向两侧打开呈仙人掌状（小臂与大臂呈90度），肩胛骨向后收，双臂带动上身向后弯曲至极限位置，胸部尽量向外扩展。收紧小腹以保护下背部。重复3~5次，然后换另一侧重复习练。

重点

舒展胸部，拉伸下背部肌肉。

4
骑马式变体

1. 取跪姿，右腿向前迈出一步，右小腿与地面垂直。左腿在后，左膝落在垫子上。左手贴在身前的垫子上。

2. 吸气，将右臂向上方伸展；呼气，用右手向后画一个大的半圆，上身向右后转。吸气，向前画半圆；呼气，向后画半圆。画3~5个半圆，然后保持右臂向后伸展的姿势，上身仍向右后转。

3. 尝试将左腿弯曲勾起，用右手握住左脚脚尖。保持这个姿势做几次深呼吸，然后换另一侧重复习练。

重点

调整脊椎和腰椎，矫正脊椎变形，增加臀部的血液供应，锻炼肩膀的灵活性。

5
开胸式

1. 俯卧。将右臂置于垫子上，右肘与右肩齐平，右大臂与小臂呈90度角。将脸转向左边，将左手放在头下。

2. 将身体向左转，直到感觉到右肩前侧的肌肉有拉伸感。弯曲左腿，左脚落在右腿外侧。我们的目标是锻炼胸小肌。当胸小肌不够发达时，肩部易向前倾。通过伸展这些肌肉群，我们可以拥有更好的体态和更顺畅的呼吸。保持这个姿势做12次深呼吸，然后换另一侧重复习练。

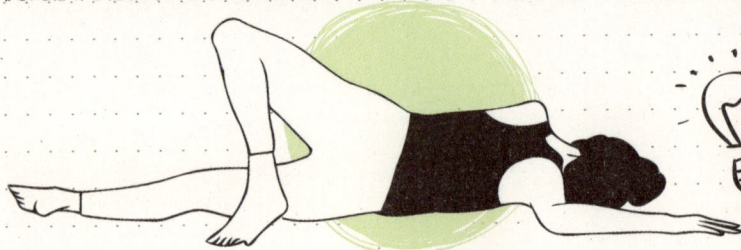

重点

拉伸胸小肌。

6

展背式

1. 取婴儿式。双手在背后交叉相握，手臂伸直。

2. 将肩胛骨向后收，双臂向上抬高，保持前额触地。如果觉得可以做到，可以左右活动手臂。保持这个姿势，深呼吸几次，然后放下手臂，挺直上身，吸气，胸部向前挺。再深呼吸几次，然后放松手臂，翻转手腕，结束本周的练习。

重点

伸展手臂，舒缓背部神经，打破身体的限制，增加满足感。

饮食之道

就我个人而言，早餐是我最喜欢的一餐。我会努力地制作一些色香味俱全的食物，显然，这对早上起床是一个很大的激励!

食材

1根冷冻香蕉

1把蓝莓

1把树莓

1汤匙巴西莓粉

适量奇亚籽

适量水

做法

1. 将香蕉、蓝莓、树莓、巴西莓粉加入搅拌机，再加入适量水搅拌，制成饮品。

2. 加入奇亚籽，搅拌均匀；静置10～15分钟后即可饮用。也可根据自己的喜好选择其他果蔬制作饮品。

3. 我们还可以将上述水果做成水果拼盘，并在里面加入自己喜欢的配料，例如：磨碎的椰肉，浸泡过的枸杞和浆果，燕麦，新鲜无花果⋯⋯

本月练习情况

1	2	3	4
8	9	10	11
15	16	17	18
22	23	24	25
29	30	31	

5

6

7

12

13

14

19

20

21

26

27

28

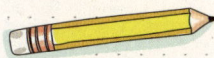

第3个月

享受当下

第9周

重新感受

内心的快乐和感恩

思考之道

确认快乐和感恩之情的来源

实现梦想的道路可能是曲折的，但只要跨越障碍能够带给我们快乐，我们就是在朝着正确的方向前进。如果没有，就花一点儿时间沉淀一下，然后调整方法。为了在这场冒险中立于不败之地，请尽可能多地感受内心的快乐和感恩。每日一练可以帮助你自然而然地倾听内心的感受，让你快速地觉察到需要调整的地方。

快乐

我们应该快乐地生活。看看孩子们吧！因为玩耍，他们充满活力。让我们将生活当作一场大型的游戏吧！请思考下面的问题：

• 哪些活动让你快乐？

• 你会多长时间进行一次这些活动？你每天有多长时间是快乐的？每周呢？每个月呢？

• 什么会给你的生活带来更多的快乐呢？

感恩

埃克哈特·托利说："承认你生命中已经拥有的美好是所有富足的基础。"

如果有人问我，让生活更快乐的首要秘诀是什么，我会说是感恩。

就算我们可以拥有世界上所有的成功、所有的爱，一直可以梦想成真，但如果我们不懂欣赏，这些也将毫无价值。感恩是一种能力，让我们对已经拥有的东西心怀感激，对不曾拥有的以及生活给予我们的各种经历心怀感激，即使其中一些经历不那么令人愉快。它让我们不管面对什么情况，都能够立即进入积极模式。学会感恩，我们就能将注意力拉回所有进展顺利的事情上，所有我们已经很幸运地拥有的事物上。这是一种视角的转变。正如瑜吉利·巴扬所说："感恩的态度就是最高形式的瑜伽。"

当我想到已经拥有的一切时，我的内心充满了快乐。

101

轮到你了

列出10件今天发生的让你觉得值得感恩的事（至少包含一件每天都会发生的事），并解释原因。每天晚上都这样想一下，至少坚持40天。

存在之道

与内心相连

唱歌可以让我们直接与内心建立联系。即使我们不喜欢唱歌，唱歌时也可能发生一些我们无法解释或无法控制的事情。因此，练习瑜伽时，我们可以经常利用吟唱来改善精神状态和情绪。

吟唱是一种调节精神状态的方法。我们可以只唱一个音，例如"do"，也可以唱一首完整的歌曲。通过一遍又一遍地重复它，我们的头脑会更清醒，身体也会产生共鸣。每种声音、每个单词都会引发我们的共鸣。

吟唱可以使我们的状态立刻发生变化，因此对于摆脱负面情绪和悲伤、沮丧的状态非常有用。

我最喜欢的一首瑜伽唱诵歌曲是 *Lokah Samastah Sukhino Bhavantu*（《愿世人幸福快乐》），它表达的思想是"愿每个活着的人都自由快乐，愿我的每一个思想、每一句话、每一个举动都能以这样或那样的方式为所有人的幸福和自由做出贡献"。这首唱诵歌曲可以引发唱诵人的积极共鸣。

轮到你了

在安静的地方盘腿而坐，可以播放背景音乐。敞开心扉，唱歌，让自己充满感恩之情。

本周练习情况

◻ ◻ ◻ ◻ ◻ ◻ ◻

运动之道

我欣赏我的身体，并充满感恩。

1

下犬式—花环式

重点

改善能量循环，改善心情。

1. 从下犬式开始，重心前移，双脚向前跳，做花环式（参照第41页）。

2. 吸气，双手合十放在胸前，拉伸背部。呼气，向后躺滚，屈体，双臂伸直、贴地，双腿向后伸直，努力用双脚碰双手。

3. 再一次吸气，起身，回到花环式，然后呼气，回到下犬式。重复做3次。

② 抓脚弓式（一）

1. 俯卧，挺起上身，将左小臂贴在垫子上，左手撑地。右腿向上弯曲，用右手抓住右脚，脚后跟尽可能靠近臀部。深呼吸，然后换另一侧重复习练。

💡 **重点**

拉伸股四头肌。

③ 抓脚弓式（二）

1. 俯卧，双腿向上弯曲，膝盖和小腿离地，右手从身体外侧抓住右脚脚踝。吸气，腰腹部和双臂用力，头部、肩部和胸部依次抬离垫面。

2. 适应这个姿势后，左腿伸直，保持抬起的状态，然后将左臂向斜上方伸展。

保持这个姿势呼吸几次，然后换另一侧重复习练。

3. 双手抓住双脚脚踝，整个身体呈弓形，深呼吸，呼气时身体稍稍放松。之后松开双手，慢慢恢复俯卧姿势，放松休息。

💡 **重点**

拉伸脊柱，锻炼中下背部肌肉。

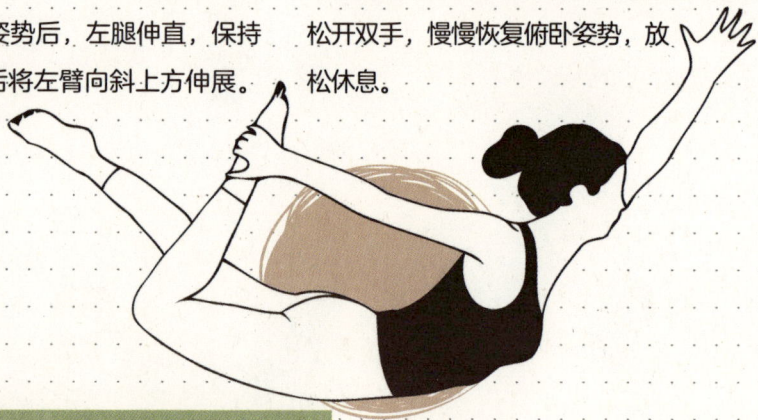

4

骆驼式变体

重点
锻炼和扩展胸部，促进血液循环。

1. 跪立，脚尖触垫，臀部落在脚跟上，膝盖微微分开至比臀部略宽一点。双手撑在身后的垫面上，上身慢慢向后仰，前胸向上挺。

2. 适应这个姿势后，上身继续慢慢后仰，将小臂贴在垫面上，然后用头顶接触垫面。深呼吸几次，然后放松，活动脚踝以促进血液循环。

5

舞王式

1. 山式站立，吸气，弯曲左膝，左手从内侧抓住左脚踝，左脚跟尽量靠近臀部。呼气，调整一下，保持平衡。

2. 吸气，将右臂慢慢向前伸，带动上身向前倾，左手握住左脚，将左腿尽量向上拉高。将视线集中于前方远处的一个点，这样可以帮助自己保持平衡。保持这个姿势呼吸几次，然后慢慢放下左腿和双手，恢复山式站立，休息片刻后换另一侧重复习练。

重点
锻炼双臂、腿部、臀部等多处的肌肉，提升专注力，提高平衡能力，拉伸和扩展胸部。

6

脚交叉双臂支撑式

1. 从下犬式开始，吸气，双脚向双手外侧的前方跳跃，双腿位于双臂的外侧，双膝在肩部的两侧。继续吸气，进一步弯曲双膝。

2. 吸气快结束时，将大腿后侧靠在上臂上，将身体的重心转移到手臂上，臀部不要着地，双脚慢慢离地，在身前交叉。试着保持平衡。

重点

提高平衡能力，增强手臂和手腕的力量，改善心情。

7

坐角式

1. 坐在垫面上，双腿向两侧伸展。上身向左侧倾斜，将右臂举过头顶，努力触碰左脚脚尖，然后恢复原始姿势，换另一侧做同样的动作。反复拉伸腹外斜肌。

2. 上身回到中间位置，保持挺直，然后慢慢前屈，尽量贴于垫面，用小臂撑地。保持3~5分钟，之后恢复坐姿，放松并深呼吸。

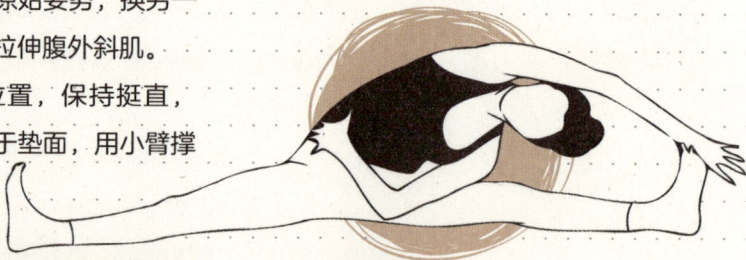

重点

舒展胸大肌，美化手臂曲线，伸展腘筋，增强耐力。

饮食之道

紫色煎饼

食材

200克小麦粉

50克紫玉米粉

50克红糖

适量发酵粉

适量肉豆蔻

500毫升蔬菜汁

50毫升椰子油

适量盐

做法

1. 将小麦粉、紫玉米粉、红糖、发酵粉、肉豆蔻和盐放入大碗中搅拌。

2. 在其中加入蔬菜汁（也可以换成口感柔滑的果汁）进行搅拌，注意不要再次加入发酵粉，避免结块。

3. 搅拌均匀后，加入椰子油，再次搅拌。

4. 在锅中倒入椰子油或其他油，然后倒入刚才做好的面糊，将其做成煎饼。

5. 将煎饼摆入盘中，可以根据自己的喜好在煎饼上放上其他食材。

第10周

跟随你的心，自信前行

思考之道

梦想成真

走出舒适区时，我们曾经依靠的支柱就完全动摇了。我们正在一个不断变化且未知的领域前行。这时，我们需要的是在内部（而不是在外部）建立稳定的基础。

只有自己才知道什么最适合自己。如果有疑问，就花点儿时间问问自己，与心灵沟通，它会立即给出你需要的答案。换言之，我不相信，也不曾听说有人因为跟随内心的声音去做一件事而后悔。澳大利亚的一位护士邦妮·韦尔在照顾数千名临终病人的过程中收集了许多数据，并据此写了一本书，书名是《临终前最后悔的五件事》。她写道，人们最常见的遗憾是一直在为别人而不是自己而活："当人们意识到生命即将结束，回顾过去时，很容易想起有很多梦想没有实现。大多数人连一半的梦想都没有实现。在死之前他们意识到，这都是由于一些事该做而未做，而另一些事不该做却做了。"

美国哲学家亨利·戴维·梭罗说："如果一个人充满信心地朝着他梦想的方向前进，并致力于过自己想要的生活，那么他将与成功不期而遇。他将会把一切抛到身后，越过一条无形的边界；全新的、更具普遍性、更加自由的法律将会在他的周围和内心诞生。他将以一种更好的状态生活。"

我已数次经历过他所描述的情形，尽管有些不可思议、令人费解，但情况确实如他所言。道理很简单，但你需要有勇气和信心才能成功。你需要做到以下几点：

1. 你必须前进；也就是说，你必须迈出第一步。

2. 你需要拥有"一定会成功"的信心。

3. 你需要努力过上想象中的生活，换言之，假装你的梦想已经实现，假装一切都已经变成了现实。从那时起，一些看似不可思议的事情就会发生。

这就是为什么你不需要等到知道所有步骤和具体细节后才采取行动，因为你不知道设想中的所有机遇是否都会来临，自己是不是考虑到了所有细节，所以在某些时候，你必须冒着进入未知世界的风险，学会信任自己！

轮到你了

1. 你能列举一些你做出的违背本心的决定吗?

2. 你的感觉如何? 这些决定的影响是什么?

3. 你能列举一些你做出的顺应本心的决定吗?

4. 你的感觉如何? 这些决定的影响是什么?

存在之道

将决定形象化

以下是一种可以帮助我们进行决策的方法，特别是当我们在两个明确的场景之间进行选择的时候。你既可以用这种方法来做比较重要的决定，如"我该抓住这个机遇还是那个机遇"，也可以做一些影响很小的决定，比如"我今晚要去那里吗"。

需要做出决定的时候，我们会尝试去推理、分析、权衡利弊。我们经常用理智来做决定，然而事实是，我们的内心早已知道哪种选择对我们更有利。为了便于决策，我们需要直面内心的声音。

需要决策时，在安静的不受打扰的地方盘腿而坐，然后闭上双眼。做几次深呼吸，让自己平静下来，把注意力放到自己的心上，观察自己的感受、呼吸、心跳等。然后想象自己在两个备选场景的其中一个中，就好像自己真的在那里。接着，想象一下这个场景接下来的发展，看看故事的走向是什么。可以将你所处的环境、你的处境以及周围的人群具体化，调动你的感官。

注意身体的一切反应，例如呼吸，喉部、胸腔以及腹部等部位的感受。你是感到满足，还是感到失落？你是觉得被提升了，还是被贬低了？实际上，你甚至不需要在心里回答这些问题。你不需要解释任何事情。你需要做的就是留心你的感受，注意最细微的地方。不要进行判断或分析。

然后进入另外一个场景，用同样的方法留心自己的感受。

完成以上两个步骤后，你需要做的就是比较你的感受。

一般而言，用上述方法比较后，哪一个决策更好显而易见！也许答案并不是之前你的理智告诉你应该选择的那个；但是听从内心的声音下的决定会给你带来更多的幸福感。你只需要相信自己的感受。

本周练习情况

☐

☐

☐

☐

☐

☐

当我跟随自己的心行动时，整个宇宙都是我的后盾。

运动之道

我倾听内心令人难以置信的智慧

本周，我们的目的是打开胸腔，倾听内心的声音。胸腔就像一个保护着心脏的盾牌，出于很多原因，我们有时会过度保护自己，甚至藏匿我们的感受。将身体向后弯曲，敞开心扉，我们会因此向外部世界"暴露"更多，也会更容易看到和欣赏生活的美好。

1

站立伸展式

1. 站立，双脚分开，间距与臀部同宽。吸气，挺直身体，头部和上身向后仰，将手臂斜着向天空伸展。保持小腹用力以支撑下背部。深呼吸几次。

💡 **重点**

打开胸腔和内心，感恩。

2

融心式

1.四角撑地，尽量使大腿和小腿形成直角。双臂向前伸展，手掌贴地，将前胸压向垫面，额头点地，直到感觉上背部完全伸展开。每次呼气时，都尽量使前胸离垫面更近一点儿。如果上背部柔韧性很好，可以将下巴贴到垫子上。

💡 **重点**

伸展背部肌肉。

3

眼镜蛇式

1.俯卧，双腿伸直并拢，前额着地，手肘弯曲，双手放于肩膀下方。

2.吸气，下颌慢慢抬高，上身离开垫面，双臂渐渐伸展，肘部保持弯曲，紧贴躯干。呼气，稍稍放松。重复这个动作3～5次。

3.最后一次重复时，将身体挺到最高处，肘部保持弯曲，肩膀完全放松，保持这个姿势呼吸几次。最后回到俯卧姿势，放松休息。

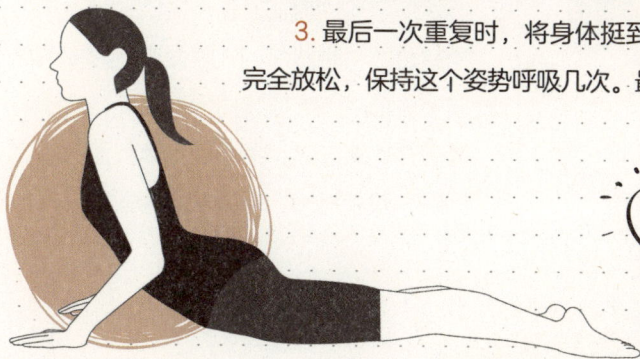

💡 **重点**

伸展中下背部的肌肉，缓解背部酸痛。

4

全蝗虫式

1. 俯卧，双手在后背上方十指交叉相握。

2. 吸气，利用腰腹部的力量，将头部、肩部、胸部、双臂和双腿同时向上抬起，尽量抬高手臂和双腿，只留腹部着地，整个身体呈弧形。保持这个姿势呼吸几次，然后回到俯卧姿势，放松。

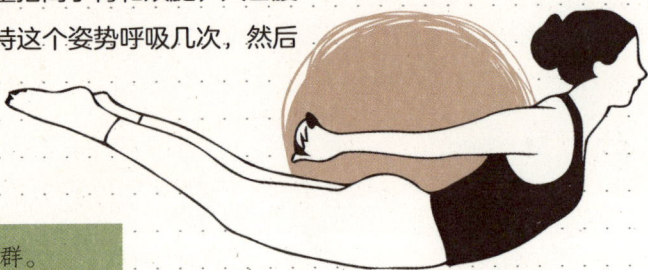

重点

强健腰背部肌肉群。

5

轮　式

1. 仰卧，屈膝，双脚着地，分开至与臀同宽。向头顶方向弯曲手肘，手掌放在肩胛骨下方，掌心在头部两侧贴地，手指指向双脚方向。

2. 吸气，腹部及臀部收紧，向上用力抬高臀部和腰背部，双臂伸直，腹部抬高至个人极限，头顶朝向地面。保持这个姿势做几次深呼吸，然后让身体慢慢下降，仰卧，双膝抵胸，轻轻左右摇摆身体来放松。

重点

扩展胸腔。

6
抱膝压腹式

1. 仰卧。在骶骨下放置一块中低高度的瑜伽砖，放松上半身。

2. 吸气，屈右膝，十指交叉抱住右小腿，大腿尽量靠近胸腹部，左腿保持伸直。保持这个姿势两分钟，然后换另一侧重复习练。

3. 双腿向上抬起，尽量与地面呈90度。保持这个姿势呼吸几次，然后将双腿放下。

重点

按摩腹腔内的器官，加强腹部肌肉的韧性。

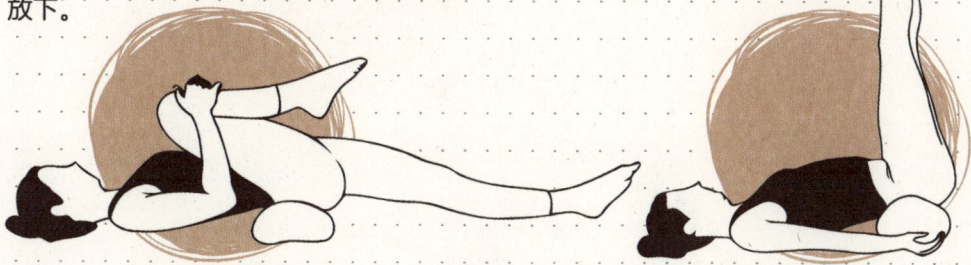

7
鱼 式

1. 仰卧，将一块中低高度的瑜伽砖放在肩胛骨下面，然后将双腿伸直。如果需要的话，可以在头部下面垫一些东西。

2. 将双臂向身体两侧伸展，掌心向上。闭上眼睛，感受胸腔随着呼吸起伏。几分钟后，移开瑜伽砖，以瑜伽休息术放松。

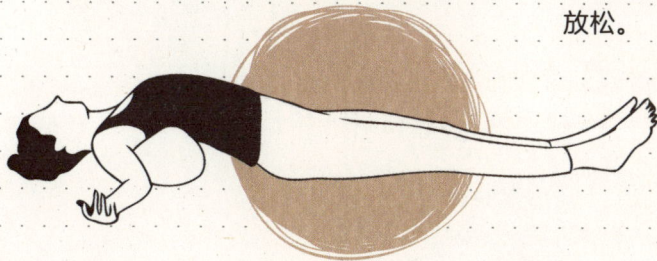

重点

消除肩颈疲劳，放松身心。

饮食之道

此时此地，大自然的一切都在抚慰你。

玛雅巧克力

食材

300毫升蔬菜汁（根据你的喜好，选择几种蔬菜制成蔬菜汁，下同）

半个香草豆荚

适量辣椒粉、肉桂

1汤匙生可可粉

做法

1. 将蔬菜汁与香草豆荚一起用小火加热。

2. 加入生可可粉和其他配料继续加热，直至将汤汁熬成略带奶油质地的效果。

抹茶拿铁

食材

半茶匙抹茶粉

300毫升蔬菜汁

做法

1. 将蔬菜汁加热至80℃，分成两杯，在其中一杯中放入抹茶粉，用竹搅拌器（茶筅）搅拌，直到打出均匀的绿色泡沫；然后倒入剩余的热蔬菜汁。

黄金牛奶

食材

1/4杯姜黄粉

半杯矿泉水

250毫升杏仁奶

半茶匙黑胡椒粉

1茶匙椰子油

适量椰子糖

做法

1. 在锅中加入姜黄粉、黑胡椒粉和水，用中火加热，直到得到浓稠的糊状酱汁。将酱汁倒入玻璃罐中，在阴凉处放置一周备用。

2. 将杏仁奶加热，再加入椰子油、椰子糖和上一步做好的酱汁。

第11周

通过分享来培养动力

思考之道

"动力不会持久，它就像雷阵雨一样。正因如此，你才会向别人提出忠告。"我很喜欢这句话，它正好总结了我这周想说的话：动力是需要培养的！做一件事时有动力或没有动力，都完全正常。因此，我们需要彼此的支持，这就是与志趣相投的朋友交流和交往非常有帮助的原因。

我建议采取以下行动来保持动力：
· 与一个值得信赖的人建立互助关系。
· 寻找你的"榜样"。

一个值得信赖的人

选择一个你信任的人，这个人要与你有相同的心态，即使你自己都几乎不敢承认自己的梦想，你也可以和他分享。当然你也会为他做同样的事情，成为他实现梦想的支撑。你们将一起创造一个彼此信任、相互支持的空间。当他怀疑自己的时候，你会提醒他一切皆有可能；他也会随时随地支持你。有时，相比于相信自己的能力，我们更容易相信你爱并支持的人的能力。

这是一种双向的关系，在这种关系中，你们需要做到：

· 通过倾听来支持彼此的梦想，允许双方在一种彼此支持而不是评判的氛围中表达意见。

· 支持彼此的行动计划，了解最后期限，定期询问进展。

· 当对方陷入困境时，与他分享关于如何继续前进的想法和意见。

· 当对方有疑虑时，提醒对方为何要开始这个行动。

· 在必要时激励和鼓励对方。

· 分享进步和成功的喜悦。

一个榜样

你需要一个榜样，这个人生活的一个或多个方面值得你效仿和学习。当然，这并不是让你成为某些人的复制品或附属品，只是让你从榜样的为人处世中获得灵感，然后应用到自己的生活中。

轮到你了

1. 谁是激励你的那个人？为什么？

2. 你有可以与之建立互助系统的亲人吗？

存在之道

加强联系和互助

你是一个庞大的系统中的一个元素，一个元素的改变会对整个系统产生影响。我们有些课程是一对一的，有些是一对多的。但无论如何，在人生的道路上，我们携手并进。以下是一个能让你意识到这一点的冥想练习。

让自己舒适地坐着，闭上双眼。在开始的几分钟内，将注意力集中于你的自然呼吸，然后集中于你的感受。

接着，想想生命中所有帮助过你的人，包括亲密的人或陌生的人，在你的生活中存在感非常强的人或与你只是有短暂的交集的人，这些出现在你生命中的人就像是上天派来指引你的。再想想那些对你有特殊意义、让你可以重新调整前进方向的标志性的时刻。在这些时刻，你可能是被一句简单的话、一个犀利的目光、几行字、一句歌词、某人推荐的电影或不知何时奇迹般闯入你脑海中的想法所触动。还有那些当你感觉到你的头脑、身体以及灵魂的一部分正在发生变化的时刻，那些无法解释但一切都变得有意义的时刻，那些答案变得显而易见的时刻……花一些时间来感谢这些时刻，以及在这些珍贵的时刻出现的人。

然后，想想你经历这种改变的所有时刻，以及你帮助某些人改变的时刻。也许在你没有意识到的情况下，你对生命旅途中遇见的某个人提出过建议或说过一句话，而这改变了那个人的一切。可能是你周围的人，你的家人，你的同事或你在大街上见到的某个人……你只需做你自己，分享你的欢乐、灵感和笑容。想想你每天的简单举动带来的积极影响。

让自己沉浸在这种感觉之中，这既能让你安心，又能让你拥有一颗谦卑之心。有时你是被支持、被引导以及被推着向前走的一方，而有时你又是为别人提供帮助的一方。让自己沉浸在这种感觉之中，与每一个活着的人紧紧团结在一起，成为一个大家庭的一部分，既做学生，又做老师。

本周练习
情况

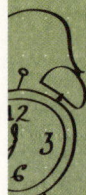

运动之道

互相支持和陪伴

本周的瑜伽练习需要两个人一起完成。这些练习鼓励联系、连接、沟通与分享，提醒我们彼此是多么需要对方。在整个练习中，交流是必不可少的，这样你就不会伤害到你的伙伴。

① 祈祷式

1.两个人面对面站立，双手合十放在胸前。花一点儿时间来回顾一下这个计划的目的。

💡 重点
建立联系，回顾。

② 拉伸腹斜肌

1.两个人并排站立，间距大约50厘米。把离对方近的那只手放在同伴的侧腰部。

2.深呼吸，将另一只手举过头顶，上身向两人中间倾斜，抓住同伴的手。把同伴向自己的方向拉，以此来拉伸腹斜肌。试着让你们的呼吸同步。保持这个姿势呼吸几次，然后换另一侧重复习练。

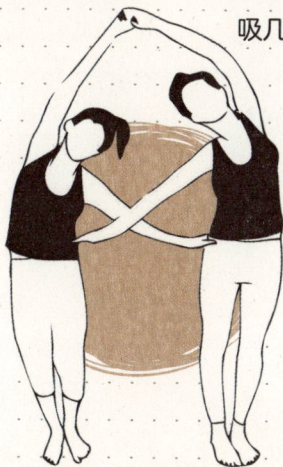

💡 重点
拉伸腹斜肌，锻炼腹肌。

127

3

双人女神式

1. 两人面对面做女神式（参照第42页），同时紧紧抓住彼此的手腕。如果需要的话，调整彼此间的距离，以让彼此能够前屈上身、完全伸直胳膊为宜。身体重心靠后。

💡 **重点**
拉伸背部肌肉。

2. 上身前屈，逐渐找到平衡。如果其中一个人放手的话，另外一个人就会摔倒，所以一定要坚持住！

4

卧角式·后仰式

1. 一人仰卧，抬起双腿，使双腿与上身呈直角。另一人将上背部靠在同伴的脚上，同伴的膝盖可以稍稍弯曲。

2. 当支撑者的脚位于另一人的肩胛骨时，支撑者可以伸展腿部，使脚踝一直位于臀部上方。站着的人身体向后仰，同时向上伸直手臂。保持这个姿势呼吸几次，然后互换位置。

💡 **重点**
扩展胸部，学会信任同伴。

5

双人重叠式

1. 其中一人做双腿背部伸展式（参照第31页），另外一人轻轻地将臀部靠在同伴的下背处（必须使臀部稍离垫面），如果位于下方的同伴觉得可以承受，上方的同伴可以轻轻地仰卧在下方同伴的背上。这对位于下方的同伴要求很高，所以下方的同伴要深呼吸，确保动作强度在可以承受的范围之内。这个动作能使位于上方的同伴扩展胸部，这会让人感觉非常舒适。保持这个姿势呼吸几次，然后互换位置。

重点

深度拉伸肌腱（下方的同伴），扩展胸部（上方的同伴）。

6

脊柱扭转式

1. 两人面对面取简易坐，膝盖互相接触。上身挺直，将右手伸向同伴的右臀部。将左臂放在背后，努力抓住同伴伸过来的手。

2. 吸气，挺直上身。呼气，上身尽力向左转，眼睛向左后方看，尽量使彼此的呼吸同步。你可以借助同伴的力量进一步转体。然后回到简易坐，换另一侧习练。

重点

拉伸腰部肌肉，打开肩部。

7
蝴蝶式

1. 取仰卧束角式（参照第32页），脚掌相对（如果这个动作对你们来说有些困难，将双腿交叉也可以）。

2. 向同伴所在一侧移动，躺在对方的右大腿上。打开双臂，深呼吸几次，然后换另一侧习练。

💡 **重点**

拉伸内收肌，打开髋部和胸部，获得满足感，并与人分享。

8
双人呼吸式

1. 背靠背取简易坐，闭上双眼。花一点儿时间，静静地感受能量在你与同伴之间的流动。感受你身体的各个部位在与对方接触时散发出来的热量，感受你的呼吸，发现你身体中的能量循环。使呼吸同步几分钟，然后自然地轮流呼吸，当一个人吸气时，另一个人呼气，反之亦然。持续几分钟。最后，花一点儿时间来感谢你的同伴。

💡 **重点**

锻炼敏锐度和观察力，使自己平静下来，增进与同伴的交流。

饮食之道

能帮你恢复能量的饮品

食材

1根冷冻香蕉

半个梨

1汤匙杏仁酱

1汤匙生可可（或1把生可可豆）

1汤匙玛卡（此物味道很重，如果不
适应的话，可以减量）

两颗枣

适量植物饮料（杏仁汁、米浆等）

适量水

做法

1. 将以上所有食材放入搅拌机中搅拌，然后尽情享用吧！

第12周

步入优雅

思考之道

我开始进入"心流状态"

心流状态是指人们在专注地做某件事时所表现出的一种心理状态。当人极度专注、完全沉浸在某件事中时，效率和创造力会提高，人会忘记时间。在这种状态下，一切都是优美的、自然的、本能的。这种状态经常出现在表现出色的运动员身上。我们都希望拥有更多资源，更有活力，活得更好。好消息是，我们不必通过成为顶级运动员来达到这种状态，因为每个人都有属于自己的进入这种状态的方式。

我对"心流状态"的本质特征的解释如下：

• **无私**：即自我意识的消失。例如，在这种状态下，平时害羞的人会超越自己，完全忘记自己所处的环境，即便通常在这种环境中，他会流露出害羞的一面。在这种状态下，人会变得跟平常的自己不同。

• **永恒**：即时间概念的消失。在这种状态下，人对时间的概念变得模糊，换言之，人不知道自己处于这种状态多久了。可能时间已经过去了很久，但那个人感觉只过了一小会儿，反之亦然。

• **毫不费力**：即意识不到费力。在这种状态下，无论疲劳程度如何或是体力消耗了多少，人都会觉得轻松，不会觉得自己在刻意努力。

• **信息丰富**：即能获取大量的信息。这就好比人突然可以访问一个巨大的信息库。在这种状态下，人能更好地理解周围发生的一切，不一定是精神或智力层面的，也可能是身体层面的。这是一种难以用语言解释的感觉，处于这种状态的人拥有一种强大的直觉。

"心流状态"是非常强大的。它能让人突破自我，拥有更多的能量，进一步挖掘潜力。它证明了我们拥有隐藏的精神能量，我们有能力做得比我们想象的多得多！

轮到你了

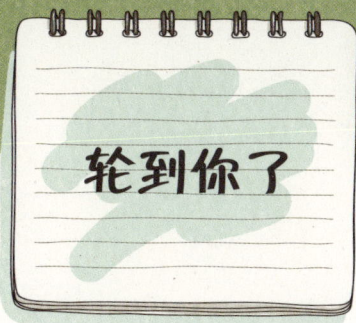

1. 今天你想庆祝什么？

2. 你能描述一下自己最后一次进入"心流状态"时的情况吗？当时你感觉如何？

3. 在你看来，是什么触发了这种状态？每一次使你进入"心流状态"的共同因素是什么？例如，冒险，独自一人，被一群人包围，在一个特定的地方，参加一个特定的活动，等等。

4. 这意味着什么？

存在之道

进入"心流状态"

　　保持端坐，必要时抬高臀部。挺直背部，拉长颈部，放松肩膀。深吸一口气，屏住呼吸几秒，然后张开嘴，呼气。重新找到自然呼吸的节奏，将注意力转移到自己的感受和当下的环境上。

　　感受体内蕴含的能量。感受你的呼吸、心跳和血液循环，以及让你的器官正常运作的能量。感受刺痛、麻木、冷热。意识到你身体的每一个部位都有能量的振动。意识到有一种微妙的规律在控制着你身体的各个系统，以及对自己而言，你就是全世界。

　　逐渐将这种意识扩散到你的周围：你所在的房间、房屋、城市或村庄、国家、世界、宇宙……请注意，同样存在着一种微妙的规律，在控制着季节、潮汐、月相周期以及行星的运动等。控制身体的微妙规律与控制宇宙的微妙规律是一样的！

　　要意识到，今天使你充满活力的生命力超越了你的思想，你是宇宙这个整体的一部分。从生活中那些物质方面的小烦恼中解脱出来，敞开心扉，满怀信心地接受这种微妙的规律，放飞自我。让整个宇宙来照顾你、指引你。

通过进入"心流状态"，我激发了无限的潜能。

本周练习
情况

运动之道

我身处在有能量流动的宇宙中。我愿意成为传播光的通道。

1
自由伸展式

1. 山式站立，将两脚分开至与臀部同宽。

2. 吸气，将双臂举过头顶。呼气，用右手抓住左手手腕，将左脚放在右脚后方，以腰腹部为轴点，上身向右侧弯曲。右膝微微弯曲，右手拉左手手腕，使左侧腰肌充分伸展。保持这个姿势呼吸几次，然后换另一侧习练。

重点

增强平衡感，拉伸侧腰，使身体更舒展。

② 站立前屈式

1. 山式站立，吸气，以腰腹部为轴点，双臂向前方用力伸展，带动上身向前向下弯曲。如果觉得这个动作比较困难，尤其是下背部感到不适时，可以弯曲膝盖。放松头部。可以用一只手抓住另一条胳膊的肘部，也可以让双臂自然摆动或下垂。深呼吸。

重点

拉伸腿筋和背部肌肉。

③ 高位弓步式

1. 取下犬式，右脚向前迈一大步，落在双手之间，右小腿与地面垂直，左脚脚跟离地，挺直上身。

2. 吸气，将双臂举过头顶，向天空伸展。可以先稍微弯曲左膝，然后左腿逐渐蹬直，感受左大腿前侧肌肉的拉伸。保持这个姿势呼吸几次，然后继续做下一个体式。

重点

锻炼大腿和臀部的肌肉，伸展股四头肌和腰大肌，增强平衡感和专注力。

139

4
扭转冲刺式

1：以上一个姿势为起始姿势，深吸一口气。呼气，上身向右侧扭转，用左手触摸右脚，右臂向上伸展。保持这个姿势呼吸几次，然后继续做下一个体式。

重点
增强身体的柔韧性。

5
侧板式

1.以上一个姿势为起始姿势，左臂撑地，收回右腿，右脚与左脚并拢。如果左臂支撑不住，可使左膝着地。为了让手腕感觉轻松一点儿，可以想象你想用右手触摸天空，从而激发身体的潜力，对抗地心引力。保持这个姿势呼吸几次，然后继续做下一个体式。

重点
锻炼腹斜肌，激发潜力，增强意志力。

6
狂野式

1. 以上一个姿势为起始姿势，弯曲右膝，右脚向斜后方迈一步，左腿保持伸直。

2. 右脚向下推地，身体向上翻转，髋部向上抬高，保持腹部内收，右臂向右耳方向延伸。深呼吸，打开胸腔。然后换另一侧重复习练高位弓步式一扭转冲刺式一侧板式一狂野式。

重点

打开胸部，增强平衡能力，锻炼手臂肌肉，增强背部力量。

7
英雄坐

1. 双膝并拢跪地，双脚向外打开至与臀部同宽，大腿根用力，推着臀部慢慢坐下去，落在两脚之间的垫面上，上身保持挺直。

2. 将右手放在腹部，左手放在胸的位置。分三个阶段吸气，做两次屏息：吸气到三分之一，屏息1~2秒，然后再吸气至三分之二，屏息，再吸气，吸满后轻轻地呼气。继续这样呼吸几分钟，然后倒过来进行：一次性吸气，然后分三次呼气。持续几分钟，然后回归自然呼吸。想想那些让你心存感激的事情，直到你有更深的感触。

重点

感恩，感受自己与宇宙的联系，使内心更平静，增强对生活的信心。

饮食之道

在一次特别为这种非凡的美食定制的晚餐中，我领略到了生可可的力量：它能让食用者情绪高涨、充满活力、具有非凡的创造力。从那以后，我将生可可融入我的饮食中，因为除了好吃，它还能让我获得意想不到的能量。

巧克力之爱

原料

1根250克的巧克力棒（至少含有70%的可可，生可可最好）

3~4汤匙椰子油

300克栗子泥

做法

1. 将巧克力棒放到椰子油中，然后用很低的温度将巧克力棒融化（如果想保持生可可的特性，温度不要超过42℃）。之后加入栗子泥，搅拌均匀。

选择1：将混合物放入冰箱冷藏后食用，这样就可以享受到生可可的益处啦！

选择2：将混合物倒入盘子或模具中，在150℃的温度下烘烤10分钟，以获得独特而细腻的口感。

小贴士

想要口感更佳，可在混合物中添加琼脂。

本月练习情况

1

2

3

4

8

9

10

11

15

16

17

18

22

23

24

25

29

30

31

5

6

7

12

13

14

19

20

21

26

27

28

继续你的旅程

希望本书提供的方案能让你想继续冒险，走入更健康、更快乐、更充实的生活。

如果你觉得本书提供的方案有效，那么我有一个好消息要与你分享：我致力于分享所有能帮助你的东西，尤其是在我的个人网站上（网址是www.insoha.com）。在那里，你会找到许多东西来帮助你继续你的旅程：

• **在线指导程序**：为了每天都为你提供支持，我创建了一个在线程序，无论你身在何处、现状如何，都可以轻松访问该程序。程序中包含了各种各样的内容，包括冥想、瑜伽、催眠等。这些内容可以帮助你拥有梦想中的生活。

• **瑜伽和生活方式静修**：我全年都会在法国和国外组织静修活动，目的是让更多人愉快地踏上真正的、深刻的、具有变革性的内心旅程。

• **食谱**：我有幸参与制作了《在家做瑜伽和健康烹饪》DVD，其中展示了11种适合在家制作的健康素食食谱。你可以在我的网站上找到这些食谱。

• **视频**：我还在网站上提供免费的瑜伽视频课程。我也会将自己的经历和个人经验划分成不同的主题，与大家分享。

希望在旅途中遇到你，带着爱的

桑德拉

有共鸣吗？
来跟姐妹们一起聊聊吧！